KB201537

찬양인도자를 위한   100곡

기타워십찬양

CCM²U

편저자 **강인혁**

◆ 경희대학교 음악대학 작곡과
◆ 국내 유일 가족그룹 "작은별 가족" 리더
◆ "작은별 문화센터" 운영, 가수 김원준등 많은 음악인 배출
◆ 10여년간 일본 동경, 오오사카 등지에서 선교사역
◆ 세종 글로벌 M.K 학교에서 음악과 악기 교육 사역
◆ 국내 개척교회 "예배 찬양단 세우기" 교육사역
◆ 일본 선교사로 후쿠시마 피해지역, 이시노 마키
   야마카타 등지에서 선교사역
◆ 일본, 인도네시아, 필리핀, 캄보디아, 태국, 네팔 등지의
   선교지교회와 신학교에서 "예배 찬양단 세우기" 교육사역
◆ "주찬양 선교회' 대표 선교사
   (홈페이지 : http://praiselordmission.com)

·························· 출판 저서 ··························

◆ 쉽고 은혜로운 워십통기타 출간
◆ 워쉽 밴드 연주.1 (Worship Band Performance) 출간
◆ 워쉽 드럼 연주.1 (Worship Drum Performance) 출간
◆ 찬양인도자를 위한 기타워십찬양 출간

머 리 말

할렐루야!!
찬양단의 기타 "찬양인도자"를 위한 책입니다.
각 곡마다 다운 스트로크(Doum Stroke)와 업 스트로크(Up Stroke),
코드표를 수록하였으니 익숙하게 칠수 있도록 연습하시어
하나님의 영광을 위한 멋진 통기타 찬양인도자가 되시길 바랍니다.

비파와 수금으로 찬양하라!!
비파와 수금은 현대의 기타라고 할수 있습니다.
성경 말씀에 의하여 기타를 치면서 찬양하는 모습을
하나님 아버지께서는 기뻐 받으실줄을 믿습니다.

주님께서 기뻐하시는
은혜로운 예배찬양단 찬양인도자가 되시도록 기도합니다.

2024. 11. 1.
편저자 **강 인 혁**

Contents

Contents

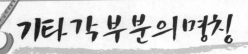

기타 각 부분의 명칭

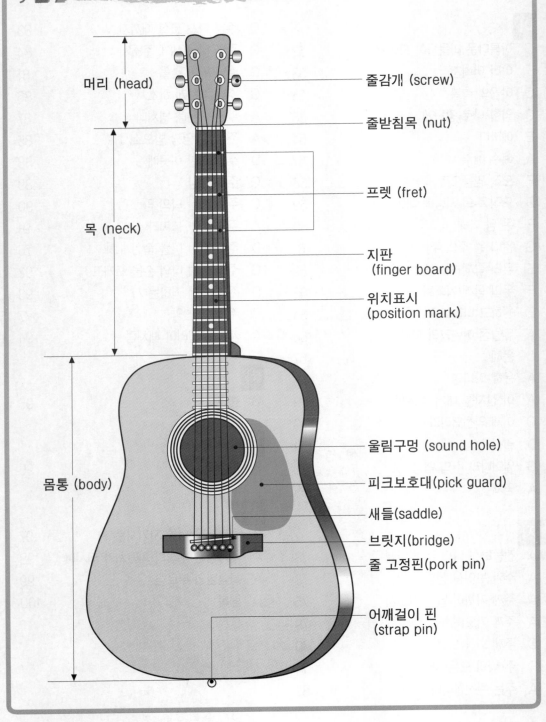

머리 (head)

목 (neck)

몸통 (body)

줄감개 (screw)

줄받침목 (nut)

프렛 (fret)

지판
  (finger board)

위치표시
(position mark)

울림구멍 (sound hole)

피크보호대(pick guard)

새들(saddle)

브릿지(bridge)

줄 고정핀(pork pin)

어깨걸이 핀
  (strap pin)

코드표 읽기

- 코드표는 기타 지판을 표로 나타낸 것으로 오른쪽 그림 처럼 기타의 지판을 왼쪽 방향으로 눕혔을 때 나타나는 모양과 같다.

C코드

D코드

1. 맨 왼쪽의 굵은 세로줄은 너트 (Nut)이며, 그 다음 세로줄부터 1프렛, 2 프렛, 3프렛... 입니다.

2. 번호가 쓰인 원(❶❷❸)은 왼손 손가락번호를 나타냅니다.

3. 겹 동그라미(◉)는 코드의 근음(Root) 입니다.

4. 맨 왼쪽의ㅇ는 개방현을 연주하라는 표시이며, X 는 줄이 울리지 않도록 하라는 표시입니다.

손가락 번호

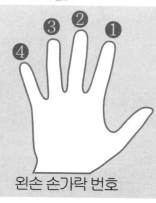

왼손 손가락 번호

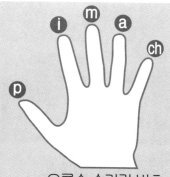

오른손 손가락 번호

리듬 악보읽기 리듬 스트로크

리듬 악보는 5선보에 적기도 하지만, 보기 수월하게 단선의 악보에 표기하기도 한다.
단선 악보를 기준으로 선 중앙에 걸친 리듬표는 코드 전체를 치고, 위쪽에 적힌 것은
당연히 고음줄을, 아래쪽은 저음줄을 친다. 5선보 역시 이와 같이 리듬표의 위치에
따라 스트로킹하면 된다.

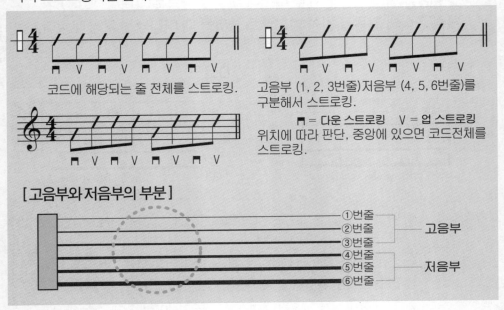

코드에 해당되는 줄 전체를 스트로킹.

고음부 (1, 2, 3번줄)저음부 (4, 5, 6번줄)를
구분해서 스트로킹.

⊓ = 다운 스트로킹   V = 업 스트로킹
위치에 따라 판단, 중앙에 있으면 코드전체를
스트로킹.

[고음부와 저음부의 부분]

①번줄
②번줄 — 고음부
③번줄
④번줄
⑤번줄 — 저음부
⑥번줄

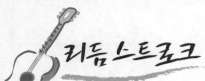

리듬 스트로크(Stroke)는 여러 줄을 동시에 쳐서
화음과 리듬을 만들어내는 주법이다. 일반적인 음악에서
반주법으로 자주 사용되며, 아래로 내려치면 다운
스트로크, 위로 올려치면 업 스트로크가 된다.

다운 스트로크 (Down Stroke)
피크의 각도를 위로 살짝 기울여
부드럽게 쓸어내리듯 친다.

업 스트로크 (Up Storke)
피크의 각도를 아래로 살짝 기울여
부드럽게 쓸어올리듯 친다.

왈츠 (waltz)

1. 기본형 패턴

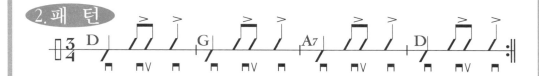

하나 둘 셋 하나 둘 셋 하나 둘 셋 하나 둘 셋

- 4분의 3박자는 4분음표 (♩)가 한마디에 3개 들어있는 것이다.
- 박자를 셀 때 하나, 둘, 셋으로 센다.

2. 패턴

3. 패턴

4. 패턴

5. $\frac{6}{8}$ 박자 패턴

하나 둘 셋 둘 둘 셋

- 8분의 6박자 왈츠는 8분음표 (♪)가 한마디에 6개 들어있는 것으로 왈츠를 두번 연주하면 된다.
- 박자를 셀 때 하나, 둘, 셋, 둘, 둘, 셋으로 센다.

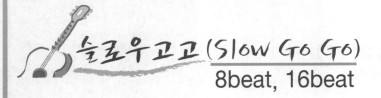

슬로우고고 (SlOW Go Go)
8beat, 16beat

1. 기본형

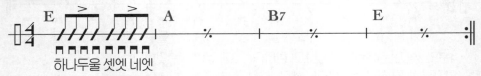

하나두울 셋엣 네엣

- ‰ 표시는 앞의 마디와 동일하게 연주합니다.
- 박자를 셀 때 하나, 두울, 세엣, 네엣으로 반박자씩 세는 것이 좋습니다.
- 반박자씩 8번 스트로크 하기 때문에 8 beat 라고 합니다.
- > 표시는 엑센트를 주라는 표시입니다.

2번패턴

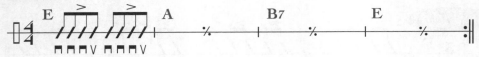

3번패턴

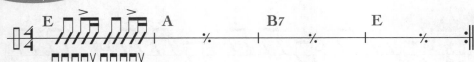

4번패턴

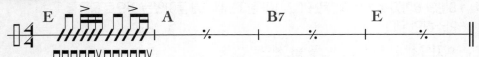

5번패턴

고고 (GO GO)

1.기본형

- 슬로우 고고 보다 빠르게 연주합니다.
- > 표시는 엑센트로 세게 연주합니다.
- 저음부분 (4, 5, 6번 줄)과 고음부분 (1, 2, 3번 줄)을 구분해서 스트로킹 합니다.

2번패턴

3번패턴

4번패턴

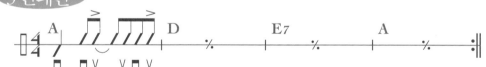

5번패턴

슬로우 락(Slow Rock)

1.기본형

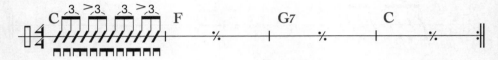

- 슬로우 락 한 박자를 셋으로 나눈 셋 잇단음표가 4개 들어있는 것 입니다.
- 박자를 셀 때 하나둘셋, 둘둘셋, 셋둘셋, 넷둘셋으로 셉니다

2번패턴

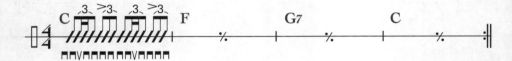

3번패턴

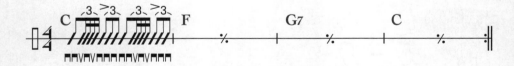

셔플 (Shaffle) 홍키통키(Honky Tonky)

1. 기본형

- 셋 잇단음표의 앞의 두개의 음이 합쳐진 길이로 소리를 냅니다.

2번패턴

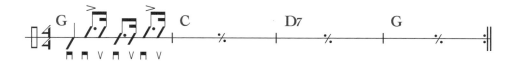

3번패턴

폴카 (Polka)

1. 기본형

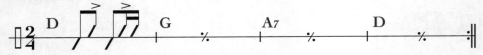

- 4분의 2박자는 4분음표 가 한마디에 2개 들어있는 것이다.
- 박자를 셀 때 하나, 두울로 반박자씩 센다.
- 경쾌한 춤곡으로 가볍게 연주한다.

2번패턴

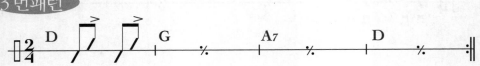

3번패턴

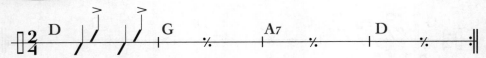

4번패턴

- 2분의 2박자 는 4분음표가 한마디에 4개씩 들어있는 것이다.

- 2분의 4박자 비해 느리고, 무겁게 연주 한다.

소울 (Soul)

1.기본형

• 2번때 박자 앞에 부분을 밀듯이 길게 연주해야 합니다.

2번패턴

3번패턴

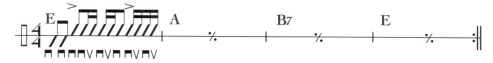

리듬패턴

디스코 (Disco)

룸 바 (Rumba)

● ♪ 표시는 긁어내리는 주법이다.

트위스트 (Twist)

레 게 (Reggae)

● 업－스트로크 순간에 엑센트를 줍니다.

그 밖의 리듬패턴

비긴 (Begin)

칼립소 (Calypso)

트로트 (Trot)

컨트리 (Country)

광야를 지나며

(왜 나를 깊은 어둠속에)

장진숙

광야를 지나며

자 아 가 – 산 산 히 깨 – 지 고 – 높 아 지 려 – 했 던 – 내 꿈 도 – 주
님 앞 에 – 내 어 놓 고 오 직 주 님 – 뜻 만 – 이 루 어 지 – 기 를
– 나 를 통 해 – 주 님 만 드 러 나 시 기
를 광 야 를 지 나 며

Stroke & Chord

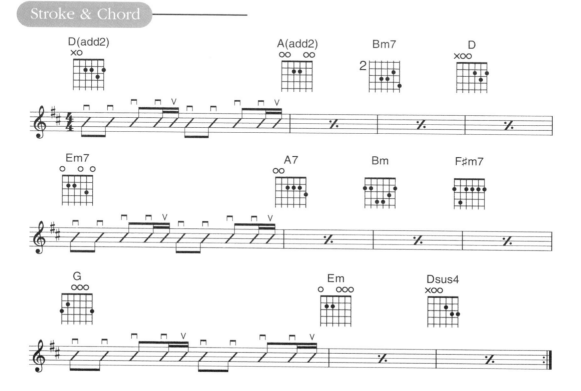

그리스도의 계절

(민족의 가슴마다)

김준곤 시, 박지영 정리 & 이성균

그리스도의 계절

주의 청년들이 - 예수의 꿈 을꾸고 - 인류 구원의 - 환상을

보 게하 - 소 - 서 - 한손엔 복 음들고 - 한손엔 사랑을 들고 -

온 땅 구석 구석누비 - 는 나 라 - 되게하 소 서

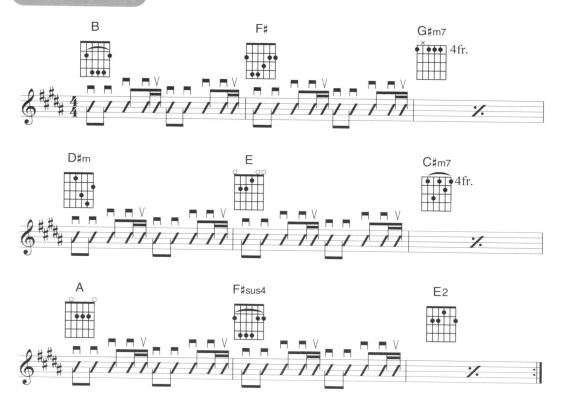

Stroke & Chord

3 그의 생각
(하나님은 너를 만드신 분)

조준모

그의 생각

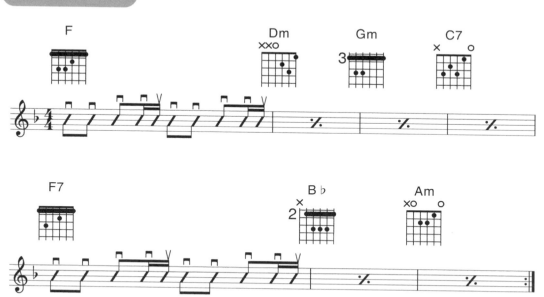

4 기뻐하며 왕께 노래 부르리
(Shout for joy and sing)

David Fellingham

기 뻐 하 며 왕 께 노래 부 르 리 -

소 리 높 여 할 렐 루 야 부 르 리 -

주 님 앞 에 나 와 찬 양 드 리 며 -

우 리 주 님 과 함 - 께 기 뻐 하 리 라 -

나 의 창 조 - 자 나 의 구 원 - 자

가 장 귀 한 나 의 예 수 님 - 찬 양 합 니 - 다

나 의 치 료 - 자 나 의 선 한 목 자 되 - 신 주 -

예 수 나 의 주 찬 양 하 리 -

기뻐하며 왕께 노래 부르리

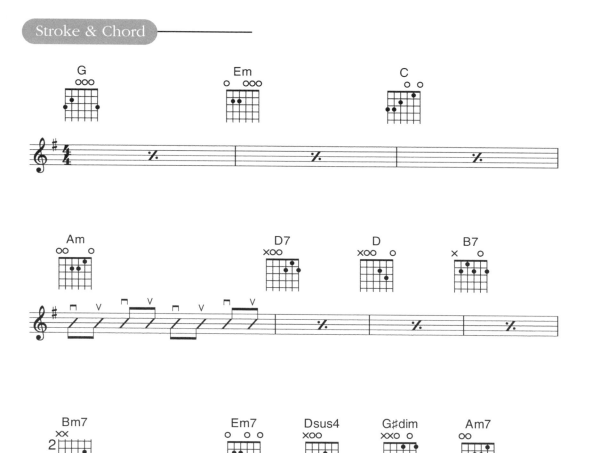

5 깊어진 삶을 주께

(은혜로 날 보듬으시고)

이 영 & 권미성

은 혜로- 날 보듬으-시고 - 사랑으-로품 어주- 셔도 -
따스한- 곁을 내어- 주신 - 주님앞-에나 아갑- 니다 -

1. 내 마음- 한자락도- 지 키지못- 하 - 는- 이모습- 부끄럽습- 니다

2. 표현못- 할긍- 홀로- 나 를붙드- 시 - 는 -

주 이름- 만바- 라봅- 니다 - 매 일 마주한- 슬픔을견 뎌

나 가며- 주예수의 마 음을- 닮 - 아 가네 - 두려

운걸음-마-다- 주가동행하니- 주의지하며- 오늘을걷네 - 주 의

신실한- 소망을깊이 담으며- 주예수의풍요를- 채-워 가네 - 하나

님 의자- 녀로- 명예 지켜가며- 깊어- 진삶을- 주께드-리-네 -

깊어진 삶을 주께

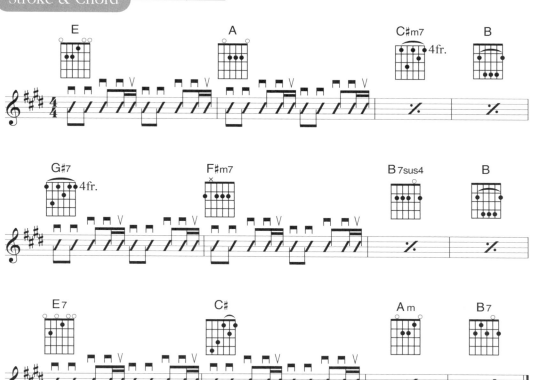

6 괴로울 때 주님의 얼굴 보라

(In these dark days)

Harry John Bollback

A · D · E7 · A

괴로울 때 주님의 얼굴 보라 평화의 주 님 바라보아 라
힘이없고 네 마음 연약할 때 능력의 주 님 바라보아 라

A · D · A · E7 · A · A7

세상에서 시달린 친구들 아 위로의 주 님 바라보아 라
주의이름 부르는 모든 자 는 힘주시 고 늘 지켜주시 리

E · A · F#m · B · E · E7

눈을들어 - 주를보라 - 네모든 염 려 주께맡겨 라

A · C# · D · A · E7 · A

슬플때에 주님의얼굴 보 라 사랑의 주 님 안식주리 라

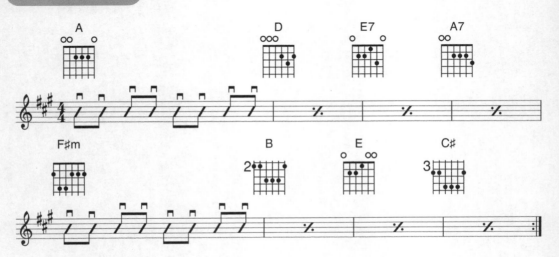

Stroke & Chord

A   D   E7   A7

F#m   B   E   C#

꽃들도

(이 곳에 생명샘 솟아나)

Mebig & 번안 : 박흥운

이 곳에 생명샘 솟아나 눈물 골 짝지나갈때에
그 날에 하늘이열리고 모든 이 가보게되리라

머 잖아 열매맺히고 웃음 소 리넘쳐나리라
마 침내 꽃들이피고 영광의 주가오시리라

꽃들 도 구름도 바람도 넓은바다도 찬양하 라 찬양하라 예수 를

하늘 을 울리며 노래해 나의영혼아 은혜의 주 은혜의주 은혜의 주

Stroke & Chord

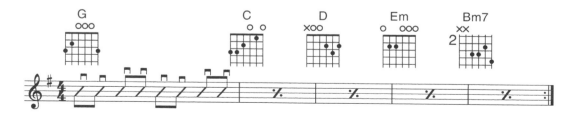

8

나
(나 가진 재물 없으나)

나 가진 재물 없으나 - 나 남이 가진 지식 없으나 -
나 남에게 있는 건강 있지 않으나 - 나 남이 없는 것 있으니
나 남이 못 본 것을 보았고 - 나 - 남이 듣지 못한 음 - 성 들었고 -
나 남이 받지 못 - 한 사랑 받았고 - - 나 남이 모르는 - 것 깨 달았네 - -
공 평하신 - 하 나님이 - 나 남이 가진 것 나 없지만 -
공 평하신 - - 하 나님이 - 나 남이 없는 것 갖게 하셨네 -

Copyright © 최덕신, Administered by CAIOS, All rights reserved, Used by permission.
Copyright © 송명희, Adm. by KOMCA, All rights reserved, Used by permission.

Stroke & Chord

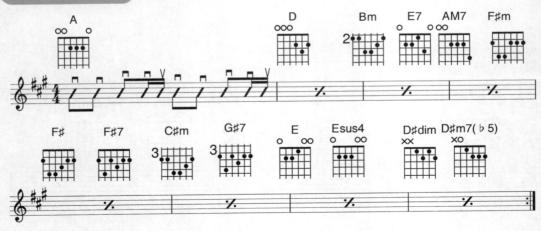

나 주님의 기쁨되기 원하네
(To be pleasing You)

Teresa E. Muller

나주님-의기쁨되-기 원하네-　　내 마음을-새롭게하-소-
겸손히-내마음드-립니-다-　　나의모-든것받으-소-

서- -　　새부대-가되-게하-여-주-사-　　주
서- -　　나의맘-깨끗-케씻-어-주-사-　　주

님의빛-비추게하-소-서- - -　　내가 원 - -하는-
의길로-행하게하-소-서- - -

한 - -가지-　　주님의-기쁨이 되 는것 -　　내가

원 - -하는-　　한가-지 - - -　　주님의 - 기 - 쁨이되는것 - - -

O.T. : To Be Pleasing You / O.W. : Teresa E. Muller
O.P. : Universal Music - Brentwood Benson Publ. / S.P. : Universal Music Publishing Korea, CAIOS
Adm. : Capitol CMG Publishing / All rights reserved. Used by permission.

Stroke & Chord

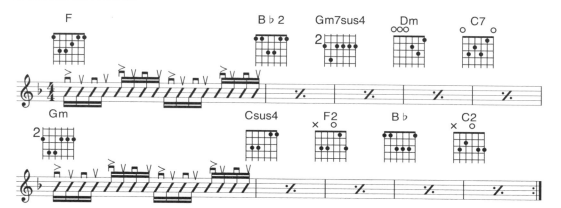

10 나는 믿네

(내게 허락하신 / Rompendo em fe)

Ana e Edson Feitosa

내게 허락하-신- 시련 을통해- 나의 믿음더-욱강-하게-자

라나고- 험한 산과골짜-기 지 나는동안---주께 더가까이-나를이

-끄시네- 내가 겪는시-험이-어렵고 힘겨워도- 내-

주님보-다-크지-않네--- 내앞 의바다가- 갈라 지지않으면 주가

나로바-다위-걷게-하리--- 나는믿네- 주의

능력으-로내-삶새-롭게되리- 나는믿네- 주의

능력으-로담-대히-나아 가리라- 주 와 함께싸워-승리

하-리라- 날마다 믿음으-로나-살아-가리-

나는 믿네

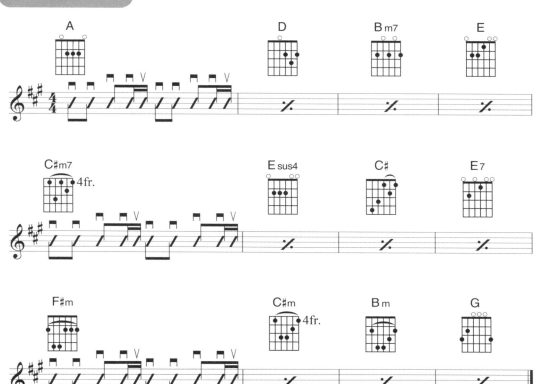

11 나는 아무것도 아닙니다

정성권

나는 아무것-도- 아 닙 니 다- 주님의사랑-이- 없으
아무것-도- 못 합 니 다- 주님의능력-이- 없으

면 나는 아무것-도- 모 릅 니 다- 주님 의지혜-가- 없으
면 나는 한순간-도- 못 삽 니 다- 주님 의생명-이- 없으

면 나는 면 이제 내가사는것- 아 니요- 그리

스도 내안에- 사 시 니- 오직그의생명이- 나 의생명- 나의

모 든 날 들도- 주 의- 것 나는 오 직한-분- 바

랍 니 다- 나의 아 버지- 나의구원- 나의 주

Stroke & Chord

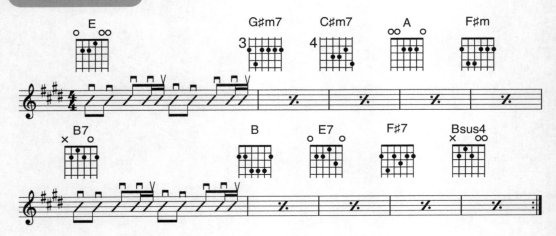

나는 주님께 속한 자

(이 땅의 내 삶이)

13 나는 주를 섬기는 것에 후회가 없습니다

(나의 평생에 가장 복된 일은)

손경민

나의평-생에 가 장복된-일은 내가 예수-님을
세상살-동안 내 가걷는-길이 때론 험하-여서

만 난것-이라 나의평-생에 가 장잘한-일은 내가
넘 어질-때도 주 의강한-손이 나 를붙드-시니 나는

예수-님을 주로 섬긴것-이라 이 나는
예수-님을 주로 섬기며-살리

주를섬-기는-것에- 후회가없습-니다 내가 걸어온-모든시간-다

주의은-혜니- 내가 걸어갈-모든날도-주만섬기며-살리- 오직

예수이-름부르며- 살아가-리 라 이것이

나의 -간증이요 이것이 나 의-찬송일세 나사는

동안 -끊임없이 구주를찬 송 -하리로 다

나는 주를 섬기는 것에 후회가 없습니다

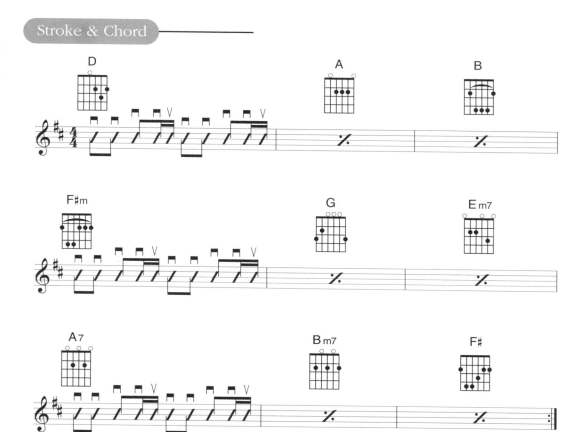

14 나로부터 시작되리

(저 높은 하늘 위로 밝은 태양)

이 천

저 높은 하늘위 -로- 밝은태양 - 떠오르듯이 -

난 주저앉지 - 않으리 - -

어떤어려움에 -도- 주의길을 - 선택하리 -

빛 가운데로 - 걸으리 - - 주 님을 -

크게보는 - 믿음가-지 고 - 세상에 - 나 타내리라 -

놀 라운 - 주 의사랑을 - - 주의꿈을안고

- 일어-나리라 - 선한능력으로 - 일어-나리라 - 이땅의부

-흥 과-회복은 - 바로- 나로부터시작되리 - -

나로부터 시작되리

A   E   F#m   C#m 4fr.

D   E sus4   E 7   C#

15 나를 향한 주의 사랑
(I Could Sing Of Your Love Forever)

Martin Smith

나를향한 - 주의 - 사랑 - 산과바다 - 에넘 - 치니 - 내마음열때주님

나에게참자유주 - 셨네 - 늘진리속 - 에거 - 하며 - 나의손을 - 높이 - 들고

- 언제나주님의사 랑을노래하 리 - 주의사랑노래 - 하 - 리 - 라 -

영원토록노래 - 하 - 리 - 라 - 주의사랑노래 - 하 - 리 - 라 -

1. 영원토록노래 - 하 - 리 - 라 - 2. 영원토록노래 - 하 - 리 - 라 -

내가춤 - 을 출 때 다 비웃겠 - 지만 - - -

그 들도주 - 알 게 되면 - 함께 기뻐 - 춤 - 을추게 - 되 리 -

영원토록노래 - 하 - 리 - 라 - - -

나를 향한 주의 사랑

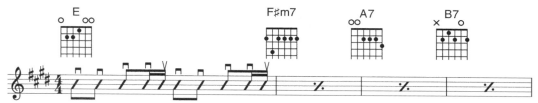

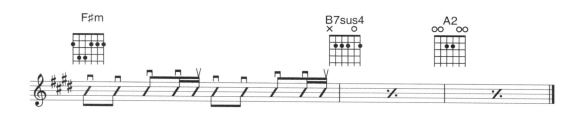

16 나의 안에 거하라

류수영

나의 안에 거하라 – 나는 네 하나님 이니 – 모든
환난 가운데 – 너를 지키는 자라 – 두려워하지 말라 – 내가 널
도와 주리니 – 놀라지 말라 – 네 손 잡아 주리라 – 내가 너를
지 명 하 – 여 불렀나 – 니 너는 내 것이라 – 내 것이라 – 너의
하 나 님 이라 – 내가 너를 보배롭 – 고 존귀하 – 게
여 기노라 – 너를 사랑하 – 는 네 여호와라 –

Stroke & Chord

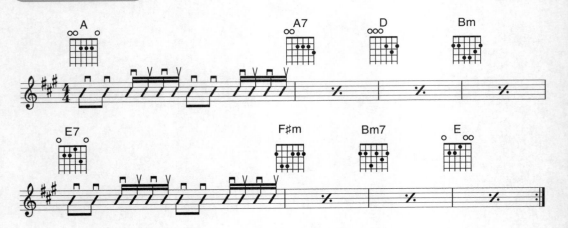

나의 피난처 예수

17

Herlin Pirena

나의 피난처-예수- 의지해 요　나의 피난처-예수- 의지해
나는 영원히-주님- 사랑해 요　나는 영원히-주님- 사랑해

-요- - 나의 가는길-에거센바-람 몰아쳐-와도- 나의
-요- - 세상 어떤것-도나의사-랑 끊을수-없네- 나는

피난처-예수- 의지해 요　요 아바 아 버지 나를
영원히-주님- 사랑해

사 랑 하 시 니 나 의 모 든 것 주 께 드 려 요　아 바

아 버지 내가 여기있으니 주님 영광위하여　써 주세 요
　　　　　　　　　　　　　교회위하여　써 주세 요
　　　　　　　　　　　　　나라위하여　써 주세 요

Stroke & Chord

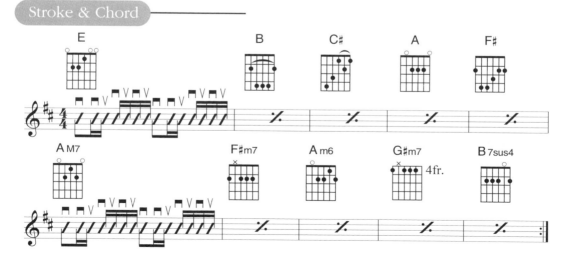

18 나의 하나님

(나의 사랑 너는 어여쁘고)

박우정

나의 사랑 - 너는 어여쁘 - 고참 - 귀하 - 다 어느 - 보석
사랑 - 이사 랑은결 - 코변 - 치않 - 아 모든 - 계절

보다귀 - 하 - 다 네가 사랑스 - 럽지 - 않을 - 때너를 온전히 - 사랑 - 하고 - 너와
돌 - 보 - 시 - 네 풀은 마르고 꽃은 - 시드 - 나주의 말씀은 - 신실 - 해 - - 실수

함께하 - 러 내가 왔노 - 라 - 주의 주님의 나라
가없으 - 신 주만 바라 - 라 -

- 와 - 뜻이 - 나의삶속 - 에 - 임하시 - 며 - 주님알기

- - 를 - 주만보기 - - 를 - 소 망해 - 거룩히살아

- 갈 - 힘과 - - 두렴없는믿 - - 음 - 주실 - 나의하나

- - 님 - 완전한사 - - 랑 - 찬 양해 -

Fine

나의 하나님

Stroke & Chord

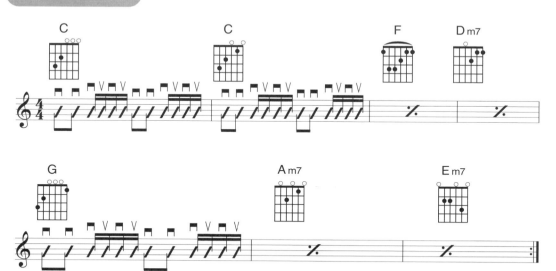

19 나의 한숨을 바꾸셨네

(고달픈 삶에 / He changed my sigh)

소진영

Stroke & Chord

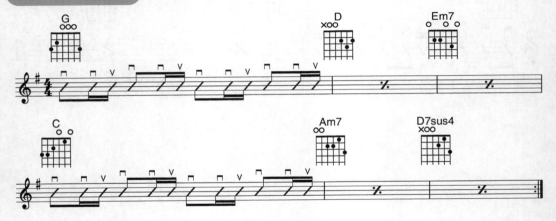

내 평생 사는 동안
(I Will Sing)

Donya Brockway

내 평 생 사는동 안주찬양하 리 여호와 하 나님 내 주를찬 양하 리

주 님 을 묵상함 이 즐겁도 다 내영혼 주 안에서 참 기 쁘 리 -

내영혼 아 주님 을 송축하 라 - - - 내영혼 아 주님 을 찬양하 라 - -

내영혼 아 주님 을 송축하 라 - - - 내영혼 아 주님 을 찬양하 라 -

O.T. : I Will Sing / O.W. : Donya Brockway
O.P. : His Eye Music, Universal Music – Brentwood Benson Tunes / S.P. : Universal Music Publishing Korea, CAIOS
Adm. : Capitol CMG Publishing / All rights reserved, Used by permission,

Stroke & Chord

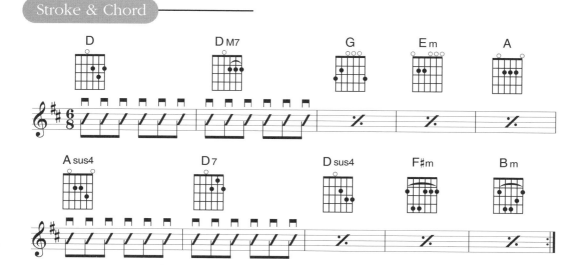

21 낮엔 해처럼 밤엔 달처럼

최용덕

낮 엔해처럼 밤 엔달처럼 그렇게 살 순없을 까 -
예 수님처럼 바-울처럼 그렇게 살 순없을 까 -

욕 심도없 이 어둔 세 상비추 어 온전 히 남을 위 해살듯 이 -
남 을위하 여 당신 들 의온몸 을 온전 히 버 리 셨 던것처럼 -

나 의일생 에 꿈 이있다 면 이땅 에 빛과 소 금되 어 -
주 의사랑 은 베 푸는사 랑 값없 이 그저 주 는사 랑 -

가 난한영혼 지 친영혼 을 주님 께 인도 하 고픈 데 -
그 러나나 는 주 는것보 다 받는 것 더욱 좋 아하 니 -

나 의욕심 이 나의 못 난자아 가 언제 나 -커 다 란짐되 어 -
나 의입술 은 주님 닮 은듯하 나 내맘 은 -아 직 도추하 여 -

나 를짓눌러 맘을 곤 고케하 니 예수 여 나를 도 와주소 서 -
받 을사랑만 계수 하 고있으 니 예수 여 나를 도 와주소 서 -

낮엔 해처럼 밤엔 달처럼

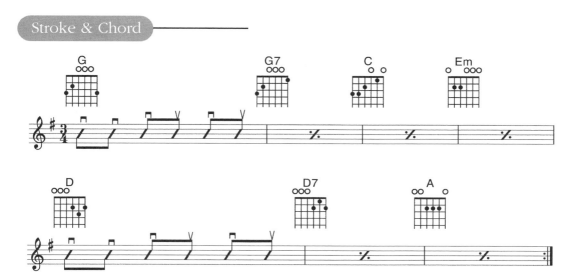

22 낮은 자의 하나님

(나의 가장 낮은 마음)

양영금 & 유상렬

나의가 - 장 - 낮은마 - 음 - 주님께 - 서 - 기뻐하 - 시고
내가지 - 쳐 - 무력할 - 때 - 주님내 - 게 - 힘 이되 - 시고

작은일 - 에 - 큰기쁨 - 을 - 느 끼게하시는도 - 다 -
아 름 다 - 운 - 하늘나 - 라 - 내 맘에주시는도 - 다 -

우 리 에 게 - 축 복 하 신 - 하 나 님 사 랑 -

낮 은 자 를 - 높 여 주 시 고 - -

아 름 다 운 - 하 늘 나 라 - 허 락 하 시 고 -

내 모 든 - 것 - 예 비 하 시 네 - -

찬 양 함 에 기 쁨 을 - 감 사 함 에 평 안 을 -

간 구 함 에 하 나 님 - 알 도 록 - 하 셨 네 -

낮은 자의 하나님

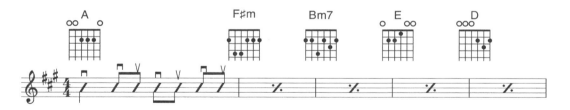

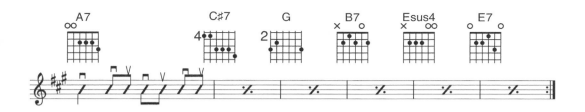

23 내 모습 이대로
(Just As I Am)

김지은

내 모습 이대로

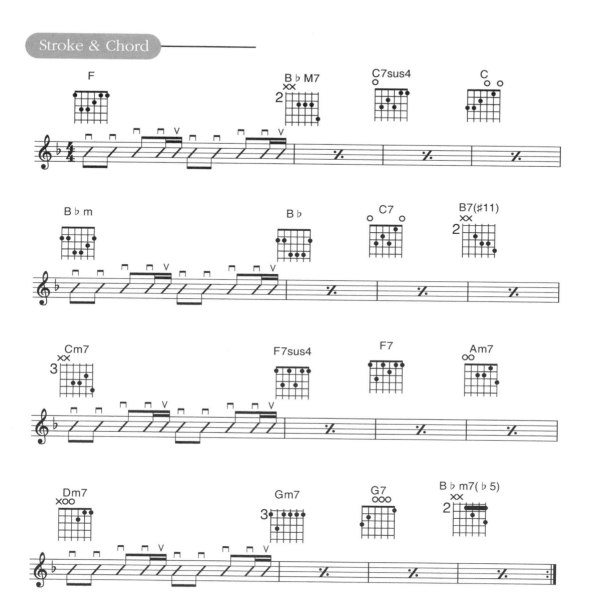

24 내 영혼은 안전합니다
(내 아버지 그 품 안에서)

전은주

내아 버지- 그품 안에서- 내 영혼은- 안전합-니다 - 주손

길로- 내삶을안으- 시-니- 그 평강이-나를덮습-니다 - 나비록넘

어지며- 흔 들리지만- 주 내안에-거하-며 나 를붙드-시니-

내 생각을- 주 께로돌-리고- 주시는 평강의- 옷을입습-니다

- 주약속 안에서- 내영혼 평안-해 내뜻보다

크 신주님의계획- 나 신뢰-해 두려움 다내려놓고-주님만

의 지-해 주안에서 내영혼- 안전합-니다 -

내 영혼은 안전합니다

25 내가 주인 삼은

전승연

내가　주인삼은 - 모든것 내려놓고 - 내주 되신

주앞 에 나가 - 내가사랑했던 - 모든것 내려놓고 -

주 님만사 랑해 - 　내가 - 주사 랑

거친 풍랑에도 - 깊은 바다처럼 - 나를 잠잠케해 - 주사 랑

내영 혼의반석 - 그 사랑위에 - 서 리 -

Stroke & Chord

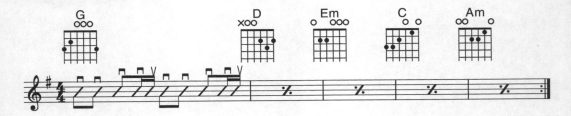

누군가 널 위해 기도하네

(당신이 지쳐서 / Someone Is Praying For You)

26

Lanny Wolfe

O.T. : Someone is Praying for You / O.W. : Lanny Wolfe
O.P. : Lanny Wolfe Music / S.P. : Universal Music Publishing Korea, CAIOS
Adm. : Capitol CMG Publishing / All rights reserved, Used by permission.

Stroke & Chord

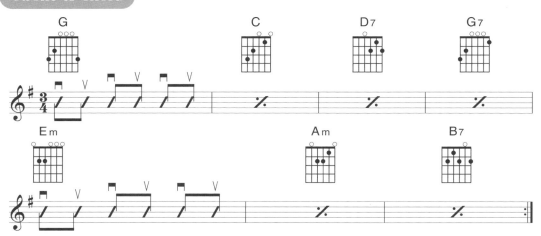

27 너는 내 아들이라

(힘들고 지쳐)

이재왕 & 이은수

힘들고지─쳐 낙망 하고넘─어져─ 일어 날힘 전혀 없─을때 ─에─

조 ─ 용히다가와 ─ 손 잡아주시며 ─ 나 ─ 에게 말씀 하시네 ─

나에 게 실망하 ─ 며 ─ 내 자신연 ─ 약해 ─ 고통 속에 눈물 흘 ─ 릴때 ─에─

못자 국난그손길 ─ 눈물 닦아주시며 ─ 나 ─ 에게 말씀 하 ─ 시네 ─

너 는내아들 ─ 이 라 오 늘날내가 ─ 너를낳았도다 ─

너 는내아들 ─ 이 라 나의 사랑 하는 내 아들이라 ─

언제 나변 함 ─ 없이 ─ 너 는 내 아들이라 ─

나의 십자가고통 ─ ─해산의 그고 통으로 ─ 내가 너를 낳았으니 ─

너는 내 아들이라

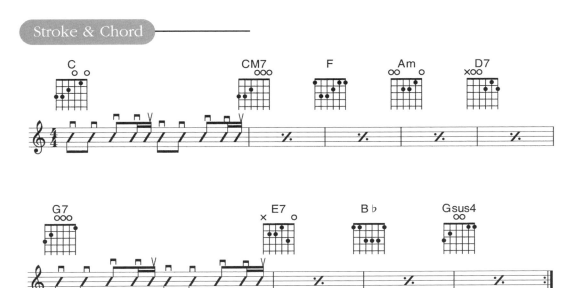

28 당신은 사랑받기 위해

이민섭

당신 은 사랑받기위 – 해 태어난사람 – 당신

의삶속에서 – – 그사랑 받고있지요 – 당신 받고있지 – 요

태초 부터 – 시작된 하나님 – 의사랑은 – 우리

의 만남 – 을통해 – 열매를맺고 – 당신이이세상 – 에존

재함으로인 – 해 우리 에게얼마나 – 큰기 쁨이되는지 –

당신은사랑받 – 기위해 태어난사람 –

지금도그사랑 – 받고있지요 – 받고있지요 – 당신

당신은 사랑받기 위해

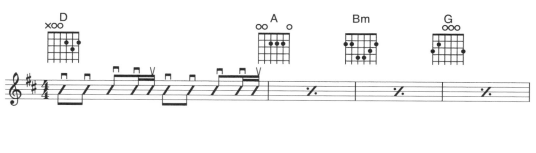

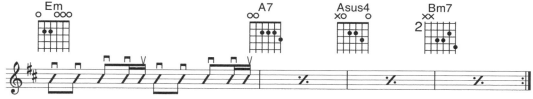

돌아서지 않으리

(주님 뜻대로 살기로 했네 / No Turning Back)

김영범

돌아서지 않으리

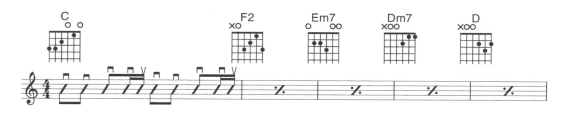

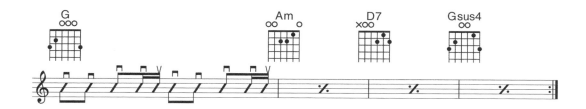

30 당신을 향한 노래
(아주 먼 옛날)

천태혁 & 진경

아주 먼 옛날 – 하늘에서는 – 당신을향한 – 계획있었죠 –
하나님께서 – 바라보시며 – 좋았더라고 – 말씀하셨네 –

이세상그무엇 – 보 다 귀하게 – 나의 손으로 – 창조하였 – 노 라

내가너로인하여 – 기 뻐 하노라 – 내가 너를사랑하 노 라

사 랑 해 요 축 복 해 요

당신의마음에 우리의 – 사 랑 을드 려 요

Stroke & Chord

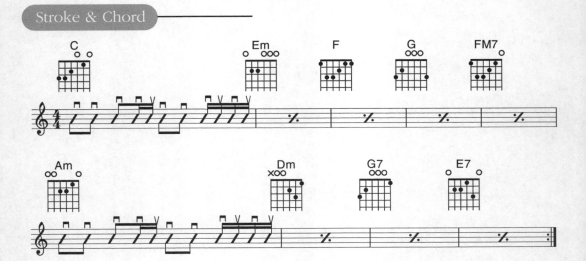

마음이 상한 자를

(He binds the broken-hearted)

Stacy Swalley

마 음이상－한자－를 고 치시는－주님－ 하늘의－아버－지 날
성 령으로－채우－사 주 보게하－소서－ 주의임－재속－에 은혜

주 관하 －소서－ － 주 의 길로－ 인도－ 하사 자
알 게하 － 소서－ － 주 뜻 대로－ 살아－ 가리 세

유 케하 －소서 － 새 일 을행하 －사 부흥 케 －하－소서－
상 끝날－ 까지 － 나 를 빚으시－고 새날 열 어주 －소서－

의 에 주 리고－ 목이 마 르니 － 성 령의－ 기름 －부으 －소 서

의 에 주 리고－ 목이 마 르니 － 내 잔을 － 채워 － 주소 서

Stroke & Chord

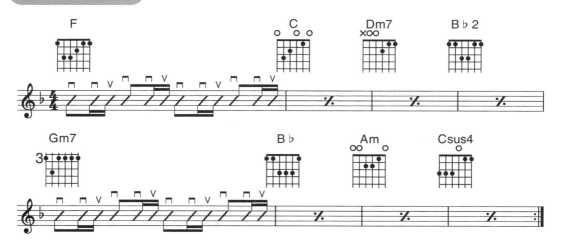

F   C   Dm7   Bb2

Gm7   Bb   Am   Csus4

32 마라나타

고형원

마 라 나 타 - 주 예 수 여 - 어 서 오 시 옵 - 소 서

땅 의 모 든 끝 모 든 족 속 주 를 찬 송 하 - 게 하 소 서 -

마 라 나 타 - 주 예 수 여 - 어 서 오 시 옵 - 소 서

모 든 열 방 이 주 께 돌 아 와 춤 추 며 경 배 하 - 게

하 소 서 - 우 리 주 님 다 시 오 실 길 을 만 들 자 - 십 자

가 를 들 - 고 땅 끝 까 - 지 우 린 가 리 라 - 우 리 주 님 하 늘 영 광

온 땅 덮 을 때 - 우 린 땅 끝 에 - 서 주 를 맞 - 으 리 - 마 라 나 타

- - 마 라 나 타 - 아 멘 주 예 수 - 여 오 시 옵 - 소 서 - 마 라 나 타

- - 마 라 나 타 - 아 멘 주 예 수 - 여 오 시 옵 소 서

마라나타

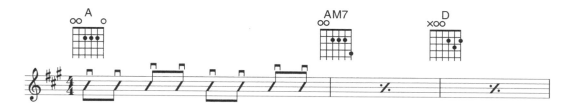

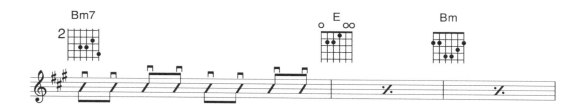

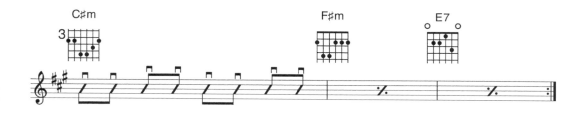

33 만세 반석

(주님 같은 반석은 없도다 / Rock of ages))

Rita Baloche

주님같은 반석은없 - 도 다 찬 양받기

합 당하신 - 이 름 - 변 치않으시 - 는

구 원의반석 - 신 실하시고 - 진실하 - 신주

주 님같은 반석은없 - 도 다

만 세반 - - - 석 예 수내 - 반 - 석

만 세반 - - 석 예 수내 - 반 - 석

주 님같은 반석은없 - 도 다

만세 반석

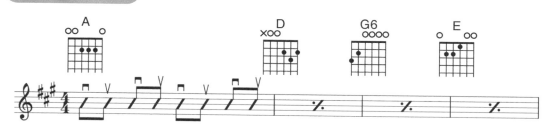

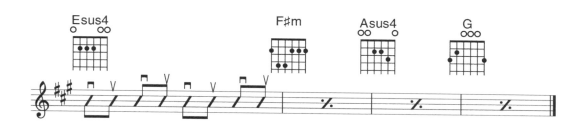

34 모든 상황 속에서

김영민

모든 상황 속에서

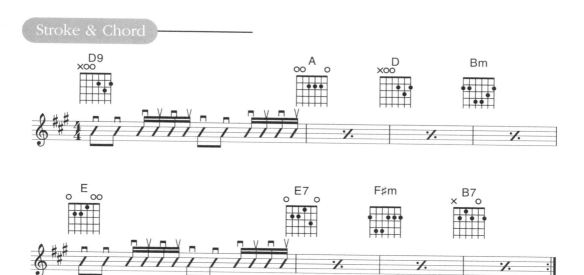

35 모든 열방 주 볼 때까지

(내 눈 주의 영광을 보네)

고형원

내 눈 주의 영광을 보네 우리가운데 - 계신주 님

그 빛 난 영광 온 하늘 덮고 그 찬 송 온 땅 가 - 득 해 내

눈 주 의 영광 을 보네 찬 송 가운데 - 서신주 님 주

님의 얼굴은 온 세상 향하네 권능의 팔을 드 - 셨 네 주의

영광 이곳에 - 가득 해 우린 서네 주님과 함께 ---

찬 양 하 며 우리는 전진 하 - 리 - 모든 열 - 방 주 볼 때 까 지

Fine

하 늘 아 버 지 - 우 릴 새 롭 게 하 사 열 방 중 에서 - 주 를

섬 기 게 하 소서 - 모든 나 라 일 어 나 - 찬 송 부 르 며 -

영광의 주님을 - 보 게 하 - 소 서 주 의

D.S

모든 열방 주 볼 때까지

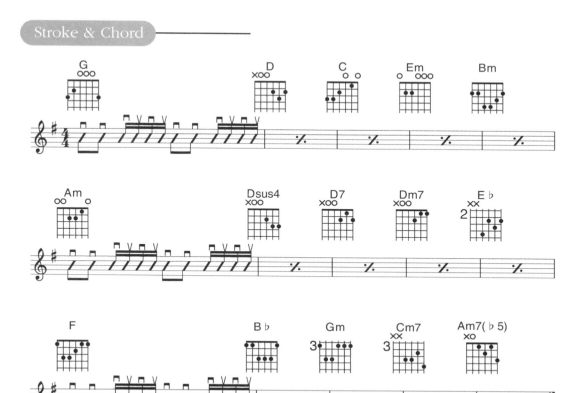

36 모든 이름 위에 뛰어난 이름

고형원

모든 이름위 – 에 뛰어난 – 이 름 예수는 주 예수는 주

모두 무릎 꿇고 경 배를 드리세 예 수 는 만유의 – 주 님

예수는 주 예수는 주 온 천 하 만물 우 – 러 러

그 보 좌 앞 영 광을 돌리 – 세 예 수 예 수 예수 는 – 주 –

Stroke & Chord

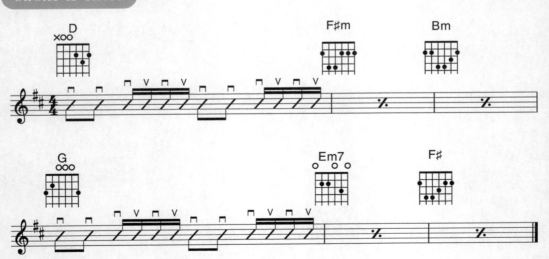

무화과 나뭇잎이 마르고

37

(Though The Fig Tree)

Tony Hopkins

무화과 나뭇잎 이 - 마르고 - 포도열 매가없 으며 -

감람 나무열매 그 치고 논밭에 식 물이없 어도 -

우리 에 양 떼 가 없 으며 외양간 송 아지없 어도 -

난 여호와 로 즐거워하리 난 여호와 로 즐거워하리

난 구 원의하 나 님 을인해 기 뻐 하 - 리라 -

O.T. : Though The Fig Tree / O.W. : Tony Hopkins
O.P. : Universal Music - Brentwood Benson Publ. / S.P. : Universal Music Publishing Korea, CAIOS
Adm. : Capitol CMG Publishing / All rights reserved, Used by permission.

Stroke & Chord

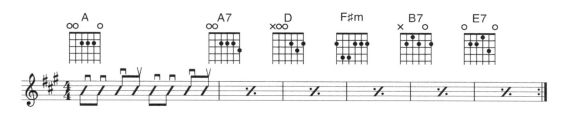

38 물이 바다 덮음 같이

(세상 모든 민족이)

고형원

세상 모든민족이 - 구원 을얻기까지 - 쉬지않으시는 - 하 나님 -

주의 심장가지고 - 우리 이제일어나 - 주따르게 하소 서

세상 모든육체가 - 주의 영광보도록 - 우릴부르시는 - 하 나님 -

주의 손과발되어 - 세상 을치유하며 - 주섬기게 하소 서

물이바다덮음같이 - 여호 와의영광을 - 인정하는것 이

온세상가득하리라 - 물이 바다덮음같이 물이

바다덮음같이물이바 다 덮음같이 -

보리라 그날 에 주의 영 광 가득한 - 세 상

우리 는 - 듣게되리 온세 상가득한승리의 - 함 성

물이 바다 덮음 같이

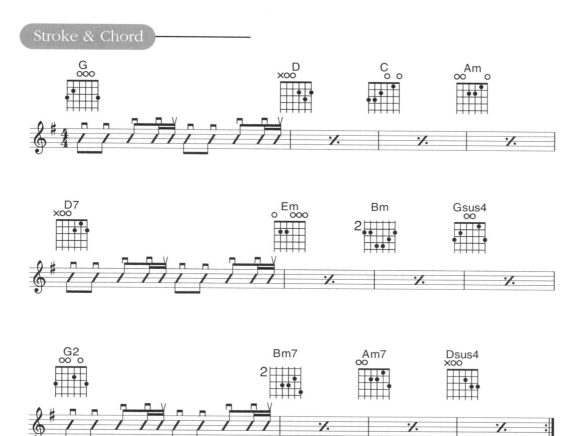

39 문들아 머리 들어라
(Lift Up Your Heads)

Stroke & Chord

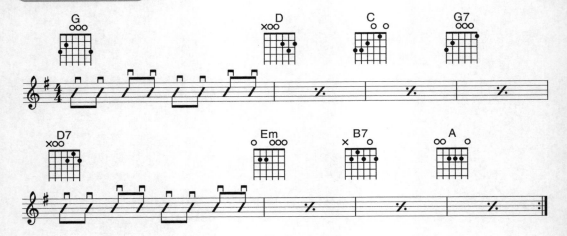

보라 너희는 두려워 말고

이연수

보 라　너희는 두려워말고－　보 라　너희를 인도한나를－

보 라　너희는 지치지 말고－　보 라　너희를 구원한나를－

너　희를 치던 적은 어디있느냐－　너희 를 억누르던－ 원 수는

어디 있 느냐－　보　라　하나님 구원을　보　라

하 나님 능력을－　너희를 위해서　싸 우시는－

주의 손 을 보 라　보　손 을 보 라

Stroke & Chord

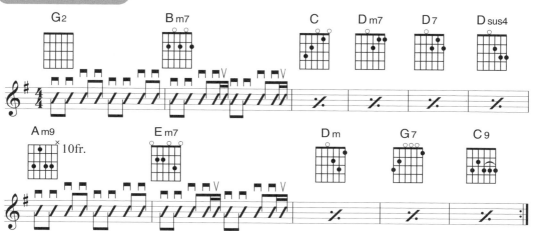

41 부르신 곳에서

(따스한 성령님)

김준영 & 송은정

F / Fsus4 / FM7 / Eb/F

따스한 성령 -님 - 마음으 -로보네 - 내몸
사랑과 진리 -의 - 한줄기 -빛보네 - 내몸

BbM7 / Am7 / Dm7 / Gm7 / Bb/C / F / F7

을감싸며 - 주어 지는평 -안함 - 만족함 -을느끼 네 부르신곳에서
을감싸며 - 주어 지는평 -안함 - 그사랑 -을느끼 네

BbM7 / Am7 / Dm7 / Gm7 / Bb/C / F / Eb/F

- 나는예배 하네 - 어떤상황에도 - 나는 예배하네 - 부르신곳 에서

BbM7 / Am7 / Dm7 / Gm7 / Bb/C / F

- 나는예배 하네 - 어떤상황에도 - 나는 예배 하네 -

Fine

BbM7 / C/Bb / Am7 / Dm7

내가 걸어갈 -때길 -이되 -고 살아갈 -때삶 -이되 -는그

Gm7 / Bb/C / F / F7 / BbM7 / C/Bb

곳에서 - 예배 -하네 - 내가 걸어갈 -때길 -이되 -고

Am7 / Dm7 / Eb / Csus4 C / F/A

살아갈 -때삶 -이되 -는그 곳에서 - 예배 -하네 - 부르신곳에서

D.S.

부르신 곳에서

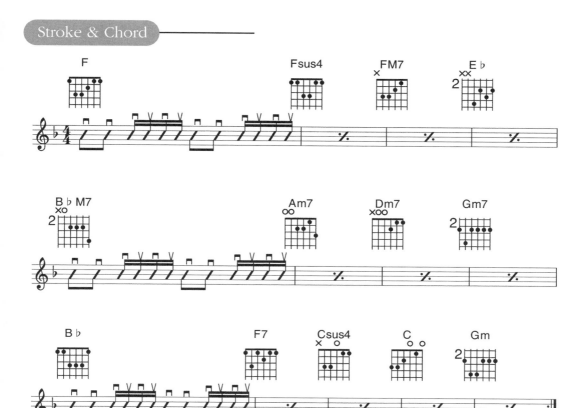

42 부흥
(이 땅의 황무함을 보소서)

고형원

이땅의황무함을 보소서 - 하늘의 하나님 - 긍휼을 베푸시는주여

우 리의죄악용서 하소서 - 이 땅 고쳐 주소 서

이제우리모두하 나되어 - 이땅의 무너진 - 기초를 다시쌓을 때

우 리의우상들을 태우실 - 성 령의불 - 임하소 서

부흥의불길 - 타오르게 하소서 - 진리의말씀 - 이땅새롭게 하소서 -

은 혜의강물 - 흐르게 하소서 - 성령의바람 - 이제불어 와

오 - 주 의영 - 광 가 득한 새 날주소 서

오 - 주 님나 - 라 이 땅에 임 하소 서

부흥

Stroke & Chord

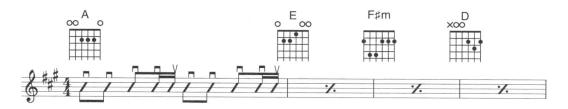

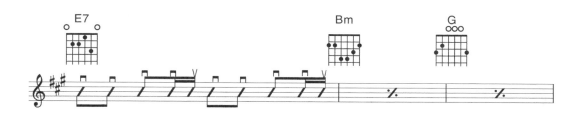

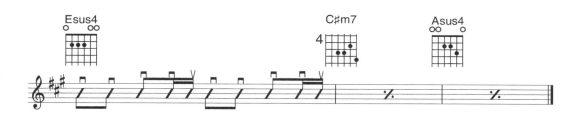

43 불을 내려주소서

(나는 아네 내가 살아가는 이유)

천관웅

C G Am F

1. 나 는 아 네 내 가 살 아 가 는 이 유 이 니
2. 작 은 불 앞 이 에 큰 산 모 두 태 우 듯 하 니

1.C G F   2.C G F

불 이 되 는 것 나 를 쓰 소 서
불 을 주 소 서 되 게 하 소 서

FM7 C Gsus4 Am F

불을- 내려주-소서 - 내게- 성령의-불을 -

C Gsus4 Am F

죽 어진-영혼 - 살 릴수있-도록 - 나를-

C Gsus4 Am F

태 워주-소서 - 제단 위에나-를드 -리니-

C Gsus4 F

열 방의-불-로 - 세우- 소 서 -   -

C G Am F C G

태 -우 소 -서 부 -으 소 -서 성 -령 의 -불

F   1, 2.   3. FM7 C Gsus4

을 불을- 내 려주- 소서 - 내게-

불을 내려주소서

성 령의 - 불을 -　　죽 어진 - 영혼 -　　살

릴 수 있 - 도 록 -　나를 -　태 워 주 - 소 서 -　　제 단 -

위 에 나 - 를 드 - 리 니 -　　열 방의 - 불 - 로

- 세 우 - 소 서 -　　　-

Stroke & Chord

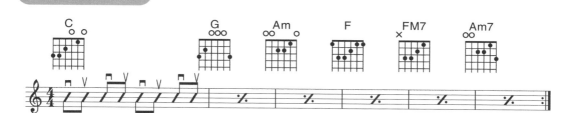

44 비 준비하시니
(우리 주는 위대하며)

심형진

우 리주는위대 하며   능력 이많으시도 다

그의지 혜무 궁하며   인 자 는영원하도 다

상 한마음고치 시며   상 처 를싸매시도 다

별들의 수를 세 시며   이 름 을붙이셨도 다

그가구름으 -로 하 늘을덮으시 -며 땅을위하여 -비준비하시니 -

예루 살 렘아 여 -호와를 - 찬 송할지어다 - 네 하 나님을 - -

감 사 함 으로   그 앞에나가며 - 주 임재앞에경 배   해

Stroke & Chord

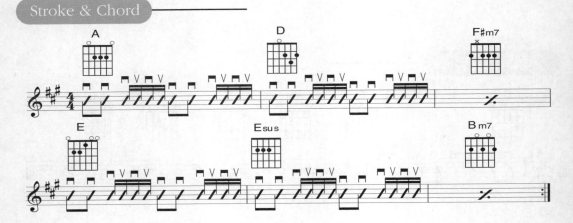

사랑합니다 나의 예수님

김성수 & 박재윤

사랑합니 다 나의예수 님 사랑합니 다 아주많이 요

사랑합니 다 나의예수 님 사랑합니 다 그것뿐예 요

사 랑한다아들 아 내 가너를잘 아 노라 –

사 랑한다내딸 아 네 게축복더 하노라 –

Stroke & Chord

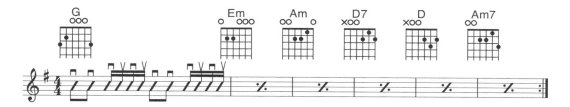

46 새 힘 얻으리
(Everlasting God)

Ken Riley & Brenton Brown

새힘얻으리주 – 를바랄때 주 – 를바랄때우리주

– 를바랄때 – 를바랄때주 님 – 통치 –하시 – –

네 소망 – 구원 –주시 – – –는 – –

당신은영 –원하신주 – 내영 –원하신 주
약한자방 –패되시며 – 위로 –자되신 주

– 지치 –지않으 시 는 주님 – 시네 –
– 독수 –리같은힘 주

Stroke & Chord

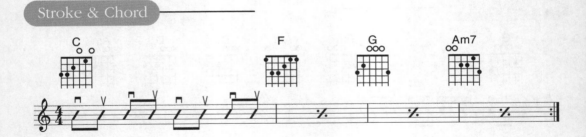

선한 능력으로

(주 선한 능력으로)

Bonhoeffer Dietrich & Siegfried Rietz

주 선한 능력으로 안으 시 네 - 그 크신 팔로 날 붙드시 네 - -
지 나간 괴로움 날에 워 싸 고 - 고 난의 길을 걷는다 해 도 - -
주 님이 마신 고난의 쓴 잔 을 - 우 리도 감사하며 받으 리 - -

절 망속에 도 흔들리 지 않 고 - 사 랑하는 주 얼굴 구하 리 - -
주 님께 모 두 맡긴 우리 영 혼 - 예 비하신 구원을 얻으 리 - -
주 님의 남은 고난 채워 가 며 - 예 수와 복음 위해 살리 라 - -

선 한 능력으로 일어 서 리 - - 주만의 지하리 - 믿음으 로 - - -

우 리 고대하네 주 오실 그 날 - 영 광의 새 날을 맞이하 리

Stroke & Chord

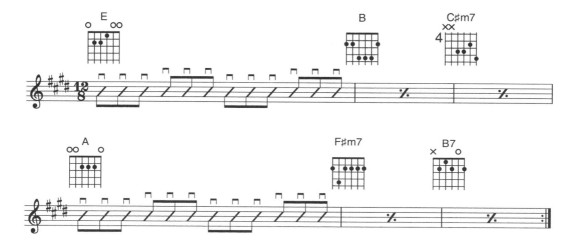

48

생명 주께 있네
(My life is in You Lord)

Daniel Gardner

생 명 주께 있 네 - 능 력 주께 있 네 -

소 망 주께 있 네 - 주 안 - 에 있 - 네 생

네 생명다 해 - 주 찬 양 - 하 리

- 힘을 다 해 - 주 찬 양 - 하 리 - -

- 내 생 명 - 다 해 내 힘 을 - 다 해

모 든 소 망 주님 께 - - 생

안 - 에 있 - 네 주 께 -

생명 주께 있네

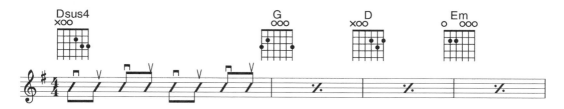

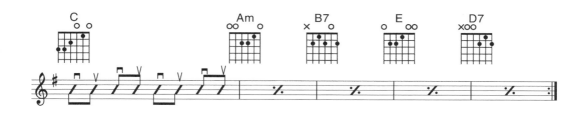

49

시선
(내게로부터 눈을 들어)

김명선

내게로부-터눈-을들-어주를보-기시-작할-때
성령이나-를변-화시-켜모든두-렴사-라질-때

주의일을보-겠네- 내작은마-음돌-이키-사
주의일을보-겠네- 황폐한땅-한가-운데-서

하늘의-꿈꾸-게하-네 주님을볼때- 모든
주님마-음알-게되-리 주님을볼때- 모든

시선을-주님께드-리고- 살아계신하-나님-을느-낄때
시선을-주님께드-리고- 전능하신하-나님-을느-낄때

- 내삶은주의- 역사가-되고- 하나-님
- 세상은주의- 나라가-되고

D.C. al Fine

이 일하기시작-하- -네-

주님의영광- 임하네- 주볼때- 주님의영광 모든

D.S. al Fine

Stroke & Chord

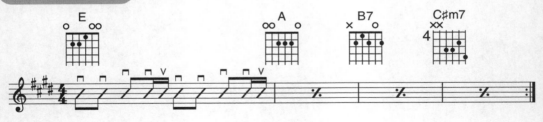

실로암

(어두운 밤에 캄캄한 밤에)

50

신상근

어두운 밤에 캄캄한 밤에 새벽을 찾
가 처음 만난 그 때는 차가운 새

아 떠난 다 - 종이 울리고 닭이 울어도
벽 이었소 - 당신 눈 속에 여명 있음을

내 눈에는 오직 밤이었소 - 우리 -
나는 느낄 수 - 가 있었소

오주여 당신께 감사 하리라 실로암 내게 주심을 -

나에게 영원한 이 꿈 속에서 깨이 지 않게 하소서 -

Stroke & Chord

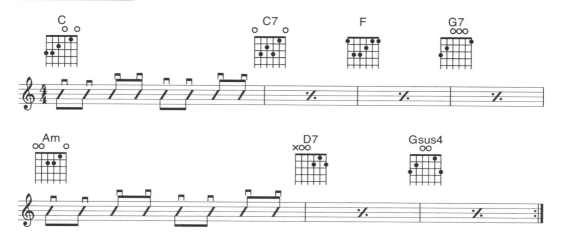

51 십자가 그 사랑
(The love of the cross)

Stephen Hah

십자가 그사 랑　　멀리떠 - 나 서　　무너진 나의 삶 속에
지나간 일들 을　　기억하지않 고　　이전에 행한 모 든일

잊혀진주 은 혜　　돌같은 내마 음　　어루만 - 지 사
생 각지않 으 리　　사막에 강물 과　　길을내시 는 주

다시 일 으켜 세 우신 주 를　　사랑합니 다
내안에 새일 행 하실 주 만　　바라보리 라

주　나를보호 하 시고　날　붙드시 리　나는 보 - 배롭고
주　너를보호 하 시고　널　붙드시 리　너는 보 - 배롭고

1. C　C#dim　Dsus4　D　　2. C　D7　　G

존 귀한　　주님의자 녀 라　　주 -의자녀 라

Stroke & Chord

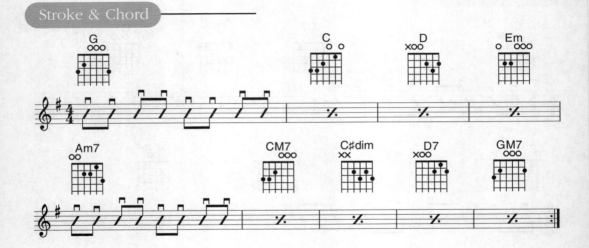

아름다운 마음들이 모여서

52

아름다운마음들이 모여 서 주의 은혜나누 며 -
이다음에예수님을 만나 면 우리 뭐라말할 까 -

예수님을따라사랑 해야 - 지 우리 서로 사랑 해 -
그 때에는부끄러움 없어 야지 우리 서 로 사 랑 해

하나님이가르쳐준 한가 지 - 네이웃을네몸과같 이

미움다툼시기질투버리 고 우리서 로사랑 해 -

Stroke & Chord

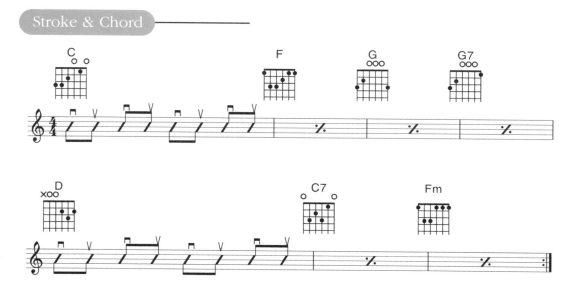

53 아바 아버지

아 바 아버 – 지 – 아 바 아버 – 지 나를 안으시 – 고 바라보 – 시는

아 바 아버 – 지 – 아 바 아버 – 지 – 아 바 아버 – 지 나를

도우시 – 고 힘 주시 – 는 아 버 지 주는 내 맘 – 을 고치 – 시

고 볼 수 없 는 상 – 처 만 지 – 시 네 나를 아 – 시 고

나를 이 해 하 – 시 네 – 내 영 혼 새 롭 게 세 우 – 시 네

Stroke & Chord

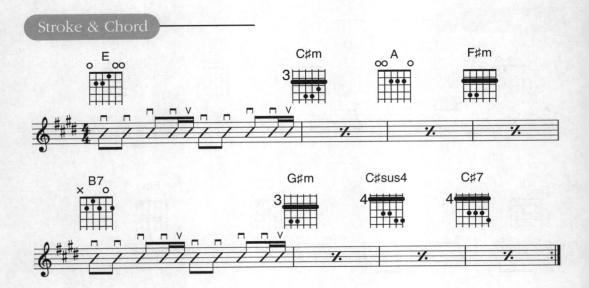

에바다

(어두워진 세상 길을)

고상은

어 두 워 진 세 상 길 을 주 님 없 이 걸 어 가 다
아 무 것 도 알 수 없 고 아 무 것 도 볼 수 없 고

나 의 영 혼 어 두 워 졌 네 － 어 느 것 이 길 － 인 지
아 무 것 도 들 을 수 없 네 － 세 상 에 서 방 황 하 며

어 느 것 이 진 리 인 지 아 무 것 도 알 수 없 었 네 －
이 리 저 리 헤 매 일 때 사 랑 하 는 주 님 만 났 네 －

주 님 없 이 살 아 가 는 모 든 삶 실 패 와 좌 절 뿐 이 네 －
어 두 웠 던 나 의 눈 이 열 리 고 막 혔 던 귀 가 열 리 네 －

사 랑 하 는 나 의 주 님 내 영 혼 눈 을 뜨 게 하 소 서
답 답 했 던 나 의 마 음 열 리 고 나 의 영 혼 살 리 네

열 려 라 에 바 다 열 려 라 － 눈 을 뜨 게 하 소 서 －

죄 악 으 로 어 두 워 진 나 의 영 혼 을 나 의 눈 을 뜨 게 하 소 서 －

Stroke & Chord

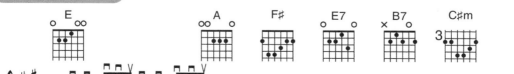

55 야곱의 축복
(너는 담장 너머로 뻗은 나무)

김인식

야곱의 축복

56 약한 나로 강하게

(What the Lord has done in me)

Reuben Morgan

약한 나로 강하게

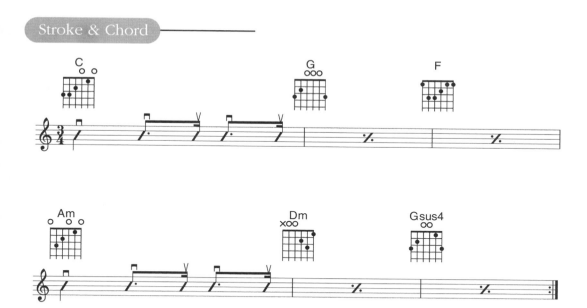

57

예수 예수
(슬픈 마음 있는 자)

김도현

슬픈마음있는자 - 몸과영혼병든자 - 누구든지부르시오 - 예

- 수이름부르시오 - 그이름을믿는자 - 그이름을부르는자 -

그가어떤사람이든 - 그는 구원얻 - 으리 -

예 - 수 - 예 - 수 - 오 능력의 - 그이름예수 - 나

외쳐부 - 르 - 네 예 - 수 - 예 - 수 - 오

구원의 - 그이름예수 - 난 외쳐부 - 르 - 네 예수그리스도 -

은과금내게없으나 - 나 가진것너에게주니 - 능 력의이름예수라 - 그

- 이름을붙드시오 - 그이름을믿는자 - 그이름을외치는자 그

D.S. al Coda

- 가어떤사람이든 - 그는 - 주의 영광보 - - 리라 -

우리게주신영광의이름 나어찌잠잠하리 - 세상

예수 예수

에크게외쳐부르리 나의주 예수그리스 - 도

예 - 수 - 예 - 수 - 오 능력의 - 그이름예수 - 나

외쳐부 - 르네 - 예 - 수 - 예 - 수 - 오

구원의 - 그이름예수 - 나 외쳐부 - 르 - 네 예수그리스도 -

Stroke & Chord

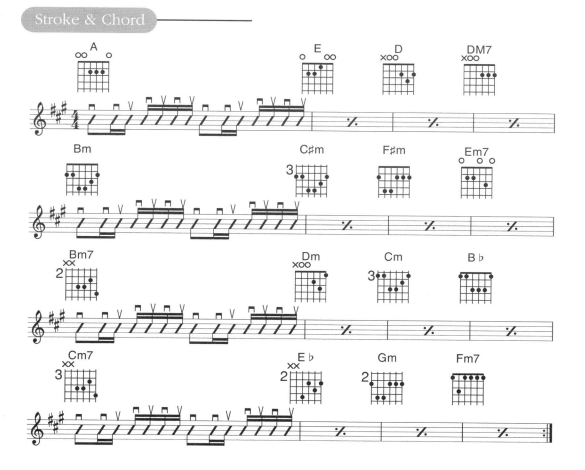

58 오직 믿음으로

(세상 흔들리고)

고형원

세상흔들 리고 -　사람들은변하 - 여 도 나는주를섬 - 기 리
믿음흔들 리고 -　사람들주를떠 - 나 도 나는주를섬 - 기 리

주님의 사랑은 -　영원히변하지 - 않 네 나는주를신 뢰 해
주님의 나라는 -　영원히쇠하지 - 않 네 나는주를신 뢰 해

오 직 믿 음 으 로 -　믿음으로내가 살 리 라

오 직 믿 음 으 로 -　믿음으로내가 살 리 라 - -

오 직　의인 은 -　믿음으로말미암아살 리 라

오 직　의인 은 -　믿음으로말미암아살 리 라 - -

Stroke & Chord

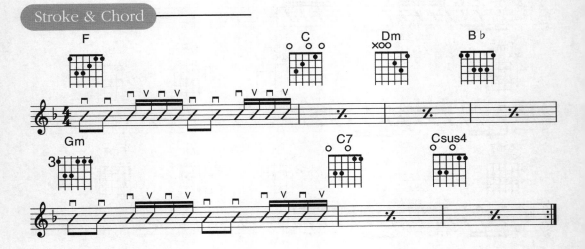

오직 주의 사랑에 매여

고형원

오직 주의 사랑에 매여 내 영 기뻐 노래합니다
이 소 망 의 언덕 기 쁨의 땅 - 에 - 서 주 께 사랑 드립니 다
오직 주 의 임재 안에 갇 혀 내 영 기 뻐 찬양합니 다
이 소 명 의 언덕 거 룩한 땅 - 에 - 서 주 께 경배 드립니 다
주 께 서 주신 모든 은 혜 나 - 는 말할 수 없 네
내 영 혼 즐거 - 이 주 따르렵 - 니 다 - 주 께 내 삶 드립니 다

Stroke & Chord

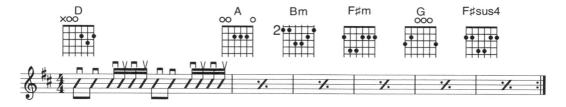

60

온 맘 다해

(주님과 함께하는 / With All My Heart)

Babbie Mason

주 님과함께하는 이 고요한-시-간 주 님의보좌앞에
나 염려하잖아도 내 쓸것아-시-니 나 오직주의얼굴

내 마음을-쏟-네 모든것아시는주님 께 감출것없네
구 하게하-소-서 다 이해할수없을때라 도 감사하며

내 맘과정성다해 주 바라나-이- 다
날 마다순종하며 주 따르오-리- 다

온 맘다 해 사랑합 니다- 온맘다 해 주알기 원하네

내모든 삶 당신것 이니- 주만섬 기-리 온맘다 해

온 맘 다해

Stroke & Chord ————————

61 왕의 왕 주의 주

(Lord Of Lords, King Of Kings)

Jessy Dixon, Randy Scruggs & John W. Thompson

왕 의 왕 - 주 의 주 - 하늘과 땅 - 과 모든 것 지으신
의 로우신 하 나 님 - 거룩한 주 - 의 이름 높여 찬 양

주 - - - - 영광 돌리 - - - 네
하 - - 며 영광 돌리 - - - 네

주 여호 - 와 하 나 님 - 귀하신 평강의왕 - 전능 의
주 하 나 - 님 통 치 자 - 주님의 크신 위엄 - 선 포 하

주 - - - - 영광 돌리 - - - 네
며 - - - - 영광 돌리 - - - 네

주 - 께 영광 - 주 - 께 영광 -

주 - 께 영광 - 전 능 하 신

주 께 영 - - 광 -

왕의 왕 주의 주

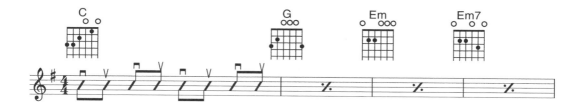

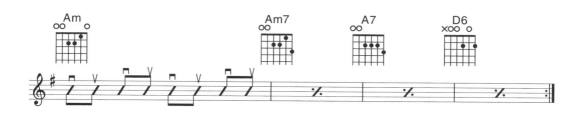

62 우리 함께 기도해

고형원

우 리 함께기도 해   주앞에나 – 와 –   무릎꿇고 –

긍 휼 베푸시는 주   하늘을향 – 해 –   두손들고 –

하늘문 – 이열리고 – 은 혜의빗줄기 –   이 땅 가득내리 도 록

마침내 – 주오셔서 – 의 의 빗줄기 –   우 리 위에부으시도 록

Stroke & Chord

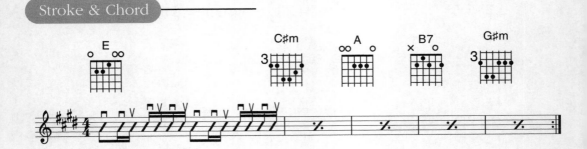

우리 함께 기뻐해

(Let Us Rejoice And Be Glad)

Gary Hansen

우리함께 - 기뻐 - 해 주께영광 - 돌리 - 세

어린 양 의혼 - 인 잔 - - 치와 - 신부 가 준비 - 되었 네 - -

할렐루야전능 하신 주 - 가다 스 리 네

할렐루야전능 하신 주 - 가다 스 리 - 네

Stroke & Chord

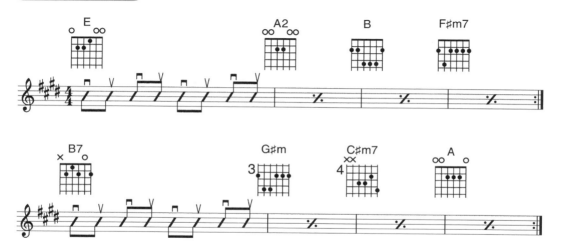

64 원하고 바라고 기도합니다

(이 세상을 살아가는 동안에

민호기, 이현임, 김요셉 & 민호기

이세상을살아가는 동안에 - 나의힘을의지할수 없으니 -
주의길을걸어가는 동안에 - 세상의것의지할수 없으니 -

기도하고낙심하지 말 것은 - 주 께서 - 참소망이 - 되심이 - 라
감사하고낙심하지 말 것은 - 주 께서 - 참기쁨이 - 되심이 - 라 -

하나님의 꿈이 - 나의비전 이되고 예수님의 성품이 나의인격 이되고

성령 님의권능이 - 나의능 력이되길 - 원 하고 - 바라고 - 기도 합니다 -

Stroke & Chord

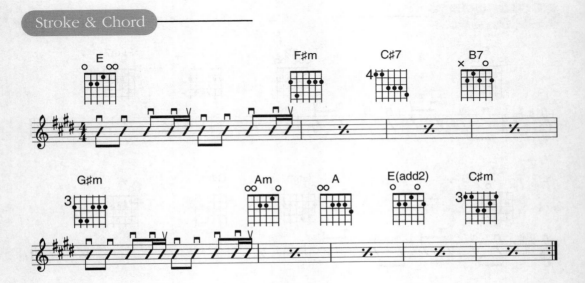

임재

(하늘의 문을 여소서)

65

조영준

하늘의문을여 소서 - 이곳을 주목하소서 - 주를 향한노래가 - 꺼지

지 않 으니 - 하늘을열고보 소서 - 이곳에 임재 하

소서 - 주님을 기다립니다 - 기도 의 향기가 - 하늘 에 닿으니 -

주여임재하여 주 소서 - 이곳에오셔 서 - 이곳에앉으

소서 - 이곳에서드 리는 - 예배를받으소 서 주님의이름 이 - 주님의이름

만이 - 오직주의이 름만 - 이곳에있습 니 다 이곳에오셔 다

Stroke & Chord

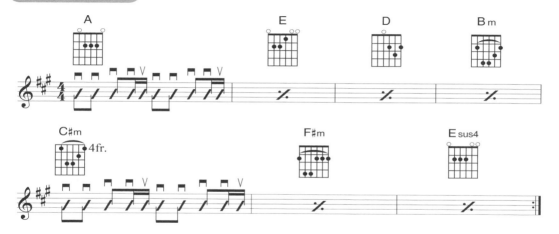

유월절 어린양의 피로

(Under The Blood)

Martin J. Nystrom & Rhonda Scelsi

유월 절 어린양 - 의 피로   나의 삶의문이 - 열렸네 -

저 어둠의권 - 세는 힘이없네 주 보혈의능 - 력으로 - -

원 수가날정죄할때 - 도   난 의롭게설수있네 -

난 더이상정죄함없 - 네   난 주보혈아 - 래있네 -

난 주보 혈아 - 래있네 -   그 피로내죄 - 사했 - 네 -

하 나   님의긍휼   날 거룩케하시었 네 -

난 주보혈아 - 래있네 -   난 원수의어 - 떠한 공격에 도

더 이상넘 어 지지않네 난 주보혈아 - 래있네 - -

유월절 어린양의 피로

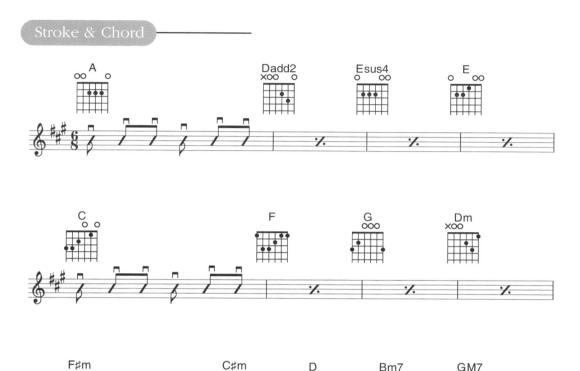

67 은혜

(내가 누려왔던 모든 것들이)

손경민

내가 누려왔던모든것들 이　　내가 지나왔던모든시간 이
내가 이땅에태어나사는 것　　어린 아이시절과지금까 지

내가 걸어왔던모든순간 이　　당연 한것아니라은혜였 소
숨을 쉬며살며꿈을꾸는 삶　　당연 한것아니라은혜였 소

아침 해가뜨고저녁의노 을　　봄의 꽃향기와가을의열 매
내가 하나님의자녀로살 며　　오늘 찬양하고예배하는 삶

변하 는계절의모든순간 이　　당연 한것아니라은혜였 소
복음 을전할수있는축복 이　　당연 한것아니라은혜였 소

모든것이은 혜 은 혜 은 혜 한없는 - 은혜 내삶에

당연한건 하나도 - 없었던것을 - 모든것이은혜 - 은혜였 소

은혜

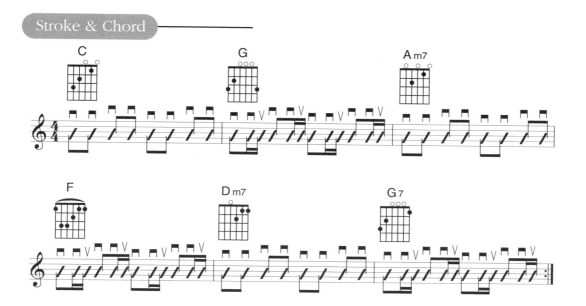

68 은혜 아니면

(어둠 속 헤매이던)

조성은

어둠 속 헤매이던 내 영혼 갈길 몰라 방황할때에 —

주의 십자가 — 영광의 그 빛이 나를 향해 비추어주셨 네

주홍 빛보다 더 붉은 내죄 그리 스도 의피로씻 — 기 어

완전한사랑 주 님의은혜로 새 생명주께얻었 네

은혜아니 면 나서지못하 네

십자가의그사랑 능력아니 면 나서지못하 네

은혜아니 면 나서지못하 네

놀라운사랑 그은혜아니면 나서지못하 네 나의

노 력과 의지가 아닌 오직 주님 의그뜻안 — 에 서

의로운자라 내게 말씀하셨네 완 전하신그은혜 로 은혜아 니

은혜 아니면

완전한사 랑 그은혜아니 면 나서지못하 네 이제나사는것아니

요 오직 예수 내안에살아 계시니 - 나의 능력아닌 - 주의

능력으로 - 이제 주와 함께 살리 라 - 오직은혜 로

나살아가리 라 십자가의그사 랑 주의능력으

로 나는서리 라 주의은혜 로 나살아가리

라 십자가사 랑 그능력으 로 나살리 라

Stroke & Chord

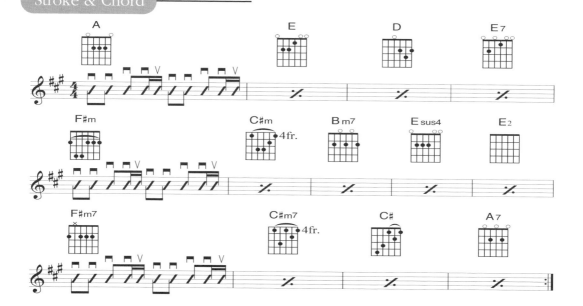

69 이 산지를 내게 주소서

(주님이 주신 땅으로)

홍진호

주님이 주신 땅으로- 한걸음씩- 나아갈 때에

수많은 적들과 견고한성이- 나를 두렵게- 하지만

주님을 신뢰함으로- 주님을 의지함으로-

주님이 주시는 담대함으로- 큰 소리외치며-나아가네

이산지를 내게주소-서- 그날에 -주께서

말씀-하신 이제내가 주님의 이름으로- 그땅

을 취하리니 이산지을 취하리니 -

이 산지를 내게 주소서

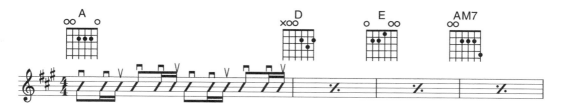

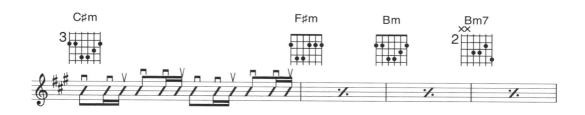

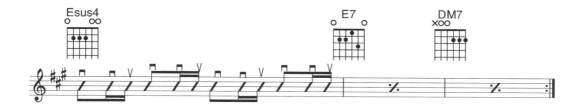

70 이제 역전되리라

(기도를 멈추지마라)

조영준

기도를멈추지마 라 눈앞의상황 이 마음을눌러 도 원망 치 마라너의입
마음을뺏기지마 라 내가널도우 지 않는단소리 에 너의 모 든게모든게

을 지켜라저들 은 너의입을보고있 다 는 기도를계속해 라 너 기도
불 리해도 너 –

를 멈 추 지 마 – – 라 내 가 너 의 그 모 든 상 황 을 바 –

로 역 전 시 키 리 니 너 기 도 를 멈 추 지 마 라 내 가 잠 시 도 쉬 지

않 – – 고 모 든 걸 지 켜 보 고 있 으 니 바 로 역 전 되 리 라

저 들 의 힘 – 이 너 를 압 도 해 도 – 저 들 의 힘 – 이 네 숨 을 조 – 여 도 – 너 는

보 리 라 – 기 도 – 의 능 력 을 내 가 역 전 시 키 리 라 너 기 도

이제 역전되리라

71 일상

(나를 보내사 서게 하신 곳)

손경민

나를보-내사 서게하-신곳 가장귀한곳-이 - 바 로이곳-이라-

내게주-신곳 광 야와같-아도- 믿 음과소망가-지고- 최

선을다-하리- 나 의작-은삶 주께드- 릴때

나의삶을통-해 - 주 영광받-으리- 내게맡-기신 가

장귀한-이곳- 감 사와순종으-로- - 오 늘을살-리라-

나의일-상을-통해- 하나 님께영-광을- 나의일-상을-통해- 생

명의복-음을- 내게맡-기신 - 이곳- 나를부르신-곳에- 하나

님 의나-라가- 이뤄지길 -원합-니다 -

일상

Stroke & Chord

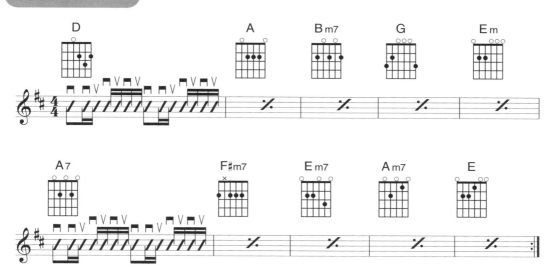

72 일어나라 주의 백성

이천

일어나라 주 -의 백성- 빛을발-하라 -

주가너의 영 -광으로- 임하시 리라 -

온세상이어 -둠속에헤 -매고-있지만 -

주가너와함 -께계셔회 -복을명하리라 -

일어나라 - 빛을 발하라-

만백성이 - 너의빛 -을 보-고- 사방에서나아오네

- 일어나라 - 빛을 발하라-

만백성이 - 자유함 -을얻 -어- 기뻐하는도다 -

일어나라 주의 백성

Stroke & Chord

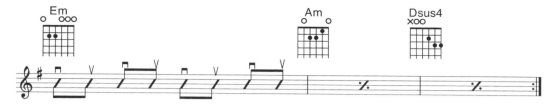

73 전능하신 나의 주 하나님은

(Nosso Deuse Poderoso)

Alda Celia

전능 하신나 - 의주 - 하나 - -님은 -   능치 못하실 - 일전 혀 -

없 -네- 우리 의모든 - 간구 --도 우리 의모든 - 생각 --도 우리

의모든 - 꿈과 - 모든 - 소망 --도 -   신실 하신나 - 의주 - 하나 - -님은

-   우리의 모 든괴 - 로움 - 바꿀 - 수 - 있 -네 -   불가

능한일 - 행하 -시고 죽은 자를일 - 으키 -시니 그를 이길자 -아무 - 도 없 - -네

-   주의말씀 의 지 하 여 -   깊은곳에 그 물던 져 -   오늘

그 가놀 - 라운 - 일을 - 이루 - 시는 -것보라 -   주의말씀

의지하여 - 믿음으로그물던져 -   믿는 자에겐 - 능치 - 못함 - 없네 -

전능하신 나의 주 하나님은

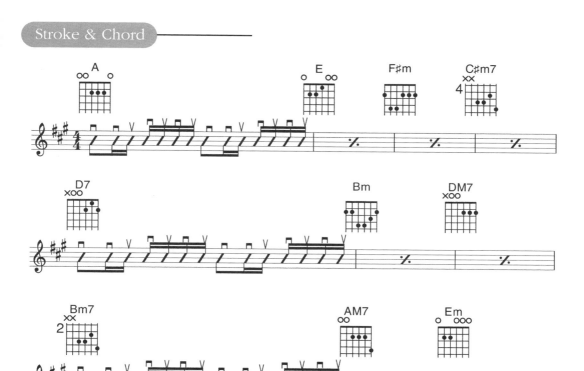

74 주 나의 모든 것

(약할 때 강함 되시네 / You Are My All In All)

Dennis Jernigan

약할때강함되시 네 나의보배가되신 주 주나의모든 것 - - - -
십자가죄사하셨 네 주님의이름찬양 해 주나의모든 것 - - - -

주안에있 는보물 을 나는포기할수없 네 주나의모든 것
쓰러진나를세우 고 나의빈잔을채우 네 주나의모든 것

예 수 어 린 양 존 귀 한 이 름 - - - - 름

Stroke & Chord

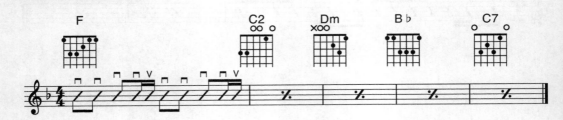

주께 가까이 날 이끄소서

(Close to the Lord)

Adhemar de Campos

주 께 가까이 - 날 이 끄소서 - - - 간 절 히주 - 님만 - 을원합니

- 다 - - 채 워주소서 - 주 의 사랑을 - - - 진 정한찬 - 양드 - 릴수있도

- 록 목마 - 른 나 의영혼 - 주 를 부르니 - -

나 의맘 - 만져 - - 주 - 소서 - - -주님만을 원 합니다 -

더 원 합니다 - - 나의맘 - 만져 - - 주소 - 서 -

Stroke & Chord

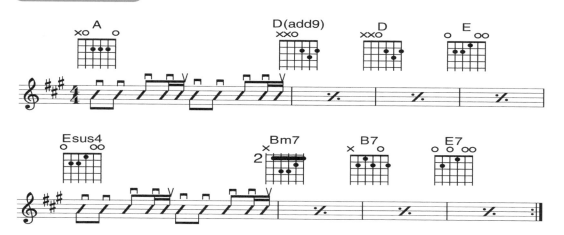

76 주 사랑이 나를 숨쉬게 해

(Breathe)

정신호

주 사랑이 나를 숨쉬게 해

77

주 이름 찬양
(Blessed Be Your Name)

Beth Redman & Matt Redman

1. 주 - 이 름 - 찬 양 - 풍요의 강 - 물 흐 - 르 는 -
   주 - 이 름 - 찬 양 - 거 치 른 광 - 야 와 - 같 은 -
2. 주 - 이 름 - 찬 양 - 햇 살 이 나 - 를 비 - 추 고 -
   주 - 이 름 - 찬 양 - 가 는 길 험 - 할 지 - 라 도 -

부 요 한 땅 - 에 살 - 때 에 - 주 님 - 찬 양 해 -
인 생 길 걸 - 어 갈 - 때 도 - 주 님 - 찬 양 해 -
만 물 이 새 - 롭 게 - 될 때 - 주 님 - 찬 양 해 -
고 통 이 따 - 를 지 - 라 도 - 주 님 - 찬 양 해 -

모 든 축 복 주 신 주 님 찬 양 하 리

리 주 의 이 름

어 둔 날 이 다 가 와 도 난 외 치

을 찬 - 양 - 해 - 주 의 이 름 을

주 의 이 름 을 찬 - 양 - 해

- 영 화 로 운 주 이 름 - 찬 양 -

주

님 은 주 시 며 주 님 은 찾 으 - 시 네 내 맘 에 하 는

말 주 찬 양 합 니 다 - 주 다 - 주 의 이 름

주 이름 찬양

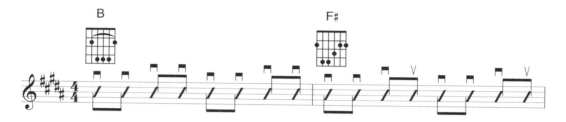

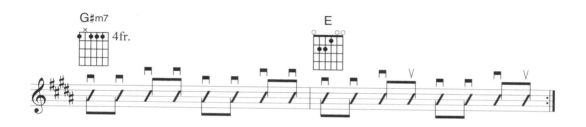

78 주가 보이신 생명의 길

박정은

주가 보이신 생명의 길

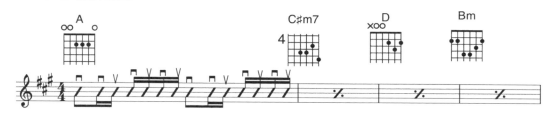

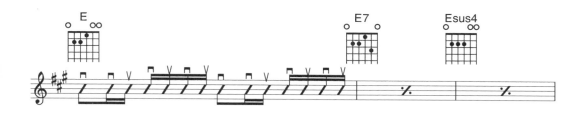

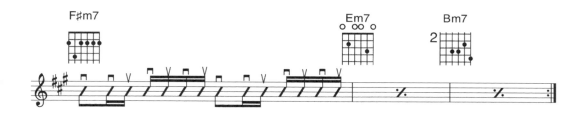

79 주께 가오니
(The Power of Your Love)

Geoff Bullock

주께가 오니 - 날 새롭게 하 시 고 -
나의 눈 열어 - 주를 보게 하 시 고 -

주의 은혜를 부어주 - 소 서
주의 사랑을 알게하 - 소 서

내 안에 발견한 - 나의 연약 함 모두 -
매일 나의 삶에 - 주 뜻이 뤄 지 도록 -

벗어지리라 - 주의 사랑으로 - - - -
새롭게하소서 - 주의 사랑으로 - - - -

주 사랑 - 나를 붙드 시 - - 고

주 곁에 - 날 이끄소 - 서 - -

독 수리 - 날개쳐 올라 가 - - 듯 나 주님과 함 께

일어나 걸으 리 주의 사랑 안에 - - - -

주께 가오니

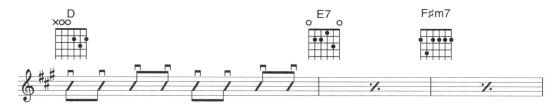

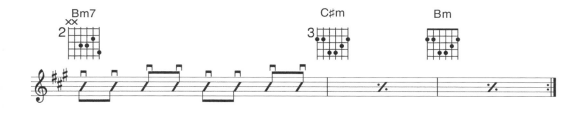

80 주께 와 엎드려

(I Will Come And Bow Down)

Martin J. Nystrom

주 께 와 엎 드 려 경 배 드 립 니 다
주 께 신 곳 엔 기 쁨 가 득 -
무 엇 과 도 누 구 와 도 바 꿀 수 없 네
예 배 드 림 이 기 쁨 됩 니 다 -

Stroke & Chord

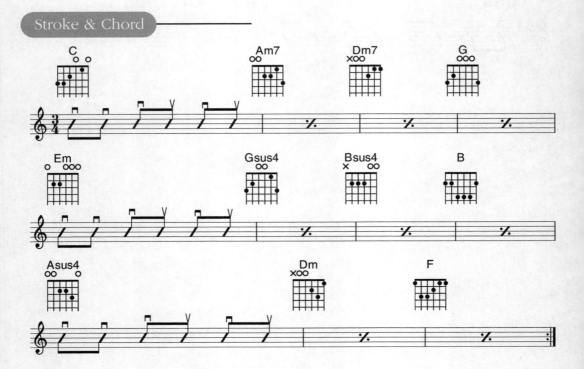

주님여 이 손을

Anonymous

주님여 이손을 꼭잡고 가소서 —
인생이 힘들고 고난이 겹칠때 —

약하고 피곤한 이몸을 —
주님여 날도와 주소서 —

폭풍우 흑암속 헤치사 빛으로 —
외치는 이소리 귀기울 이시사 —

손잡고 — 날인도 — 하소서 —

International Copyright Secured.

Stroke & Chord

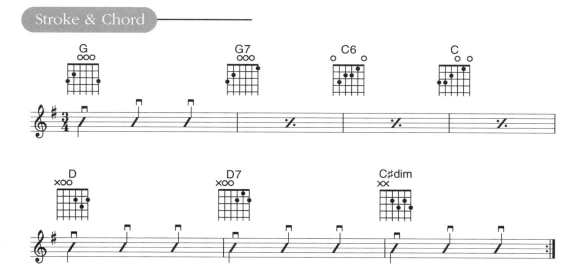

82 주는 완전합니다
(주여 우린 연약합니다)

함은진 & 소진영

주여 - 우린연약합 - 니 다 우린 오늘을 - 힘겨 - 워 - 합니 - 다 - 주뜻
주여 - 우린넘어집 - 니 다 오늘 하루 - - 또실 - 수 - 합니 - 다 - 주의

이루며 - 살기 - 엔- 부족합 - 니다 우린 - 우린연약합 - 니 다 다 한
긍휼을 - 구하 - 는 죄인입 - 니다 우린 - 주만바라봅 - 니

없 는주님의 - 은혜 - 온세상 - 위에 - 넘칩 - 니다 - 가

릴 수 없는주 - 영 - 광 - 온땅위에충 - 만합 - - -니다 주

님 만이길이 - 오니 - 우린그 - 길따 - 라갑 - 니다 - 그

날 에우릴이 - 루 - 실 - 주는완 - 전합니 - 다-

주는 완전합니다

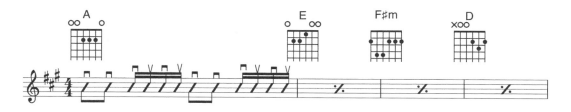

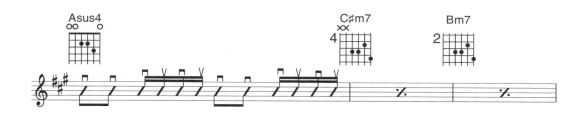

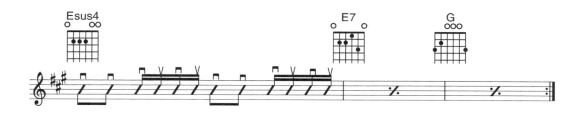

83 주님 다시 오실 때까지

고형원

주님 다시 오실 때까지

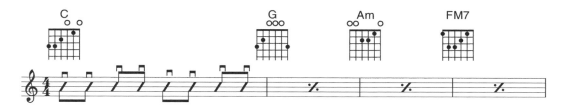

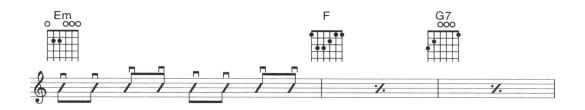

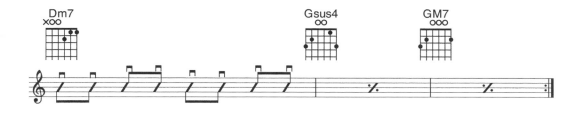

84 주님 마음 내게 주소서

(보소서 주님 나의 마음을 / Look into my heart)

Ana Paula Valadao

보 - - 소서 - 주님 - - 나의마음을 - - 선 - 한것하

- 나 없습니다 - 그 러나내 - 모든 - 것 - 주

께 드립니 - 다 - 사 랑으로 - 안으시고 - 날새롭 - 게

하소서 - 보 - - 소서 하 소서 - 주님마 - 음내 - 게주 - 소서

- 내아 - 버지 - 주님마 - 음내 - 게주 - 소서 - 나를향하신 - 주님

의 뜻이 - 이 루어지 - 도록 - 주님마 - 음내 - 게주 - 소서 - 내

게사랑 - 을가 - 르치 - 소서 - 당신 의마음 - 으로 - 용서 하게하 - 소서 -

주의성 - 령내 - 게채 - 우사 주의길 - 가게 - 하소 - 서

- 주 님 당신마 음 주소서 - 주소서 -

주님 마음 내게 주소서

주 님 마 - 음 내 - 게 주 - 소 서 -   내 아 - 버 지 -

주 님 마 - 음 내 - 게 주 - 소 서 -   나 를 향 하 신 - 주 님 의   뜻 이 -

이 루 어 지 - 도 록 -   주 님 마 - 음 내 - 게 주 - 소 서 -

Stroke & Chord

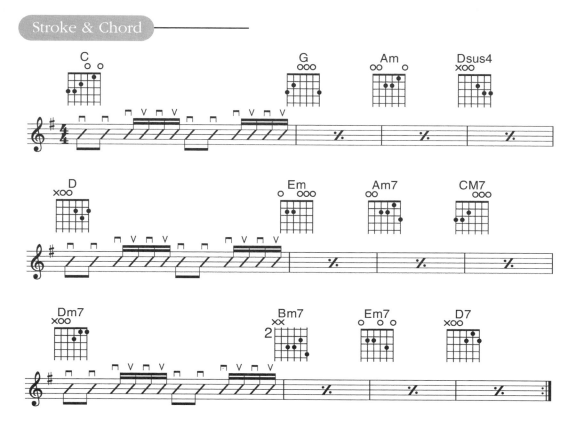

85 주님 큰 영광 받으소서

(Jesus shall take the highest honor)

Chris Bowater

주님 큰영광받-으 소서 -   홀로 찬양받으-소 서

모든 이 름위에- 뛰어 난 그이름 - 온 땅과하-늘 이다찬-양 해

겸 손하-게 우리무-릎 꿇고 -   주 이름앞-에영광돌-리 세

모 두 절하세- 독생 자 예-수 -   주님께- 찬 양드-리 리 모든

영광 과존귀 와 능력 -   받으소서 -   받으소서 -

그 리 스 도   살 아 계 신 - 하 나 님   -

주님 큰 영광 받으소서

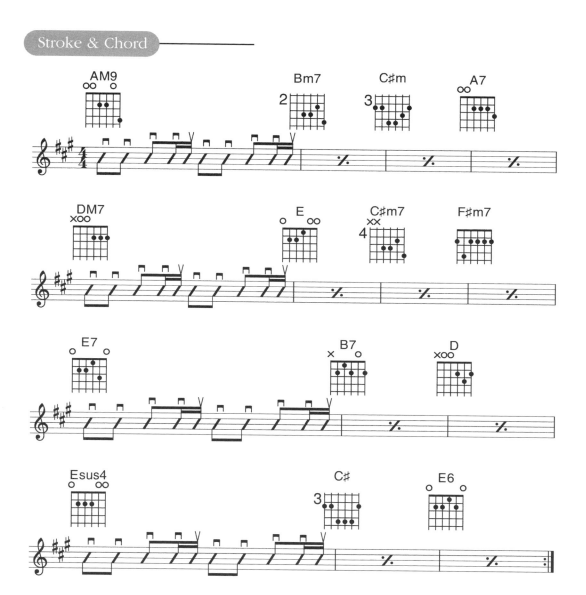

86 주님을 보게 하소서

(나의 주님께 찬양 드리며)

심종호 & 박찬민

주님을 보게 하소서

엎 드려 -   주의 음성 기 다 - 리 니 -   나 를 부

-르 실 때   믿 음 으 - 로 걸 - 어 가 - 리 -

Stroke & Chord

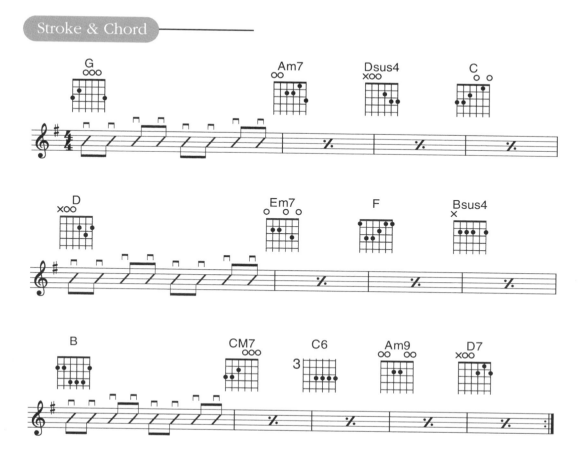

87 주님의 은혜 넘치네

(주 신실하심 놀라워 / Your Grace Is Enough)

Matt Maher

주 신 - 실 하 - 심 놀 - 라 워 -
공 의 - 와 사 - 랑 놀 - 라 워 -

죄 인 - 의 마 - 음 흔 - 드 네 -
약 한 - 자 들 - 어 쓰 - 시 네 -

자 비 - 의 물 - 가 로 - 인 도 - 하 시 - 니
구 원 - 의 노 - 래 로 - 인 도 - 하 시 - 니

그 무 - 엇 도 - 끊 지 - 못 해 -   주 여
만 백 - 성 함 - 께 찬 - 양 해 -

기 억 - 하 소 서 - 주 백 성 - 자 녀 들 - 신

실 한 - 주 님 의 - 약 속 -   주

님 의 은 혜 -   내 게 넘 치 네 -   나

를 향 한 주 -   은 - - 혜 -

주님의 은혜 넘치네

주 님 의은혜 - 이 땅 에부으소서 - 나
나 를덮는사랑 -

를 향 한주 - 은 - - 혜 - 넘 - 치는 - 주

은 - - - 혜 -

Stroke & Chord

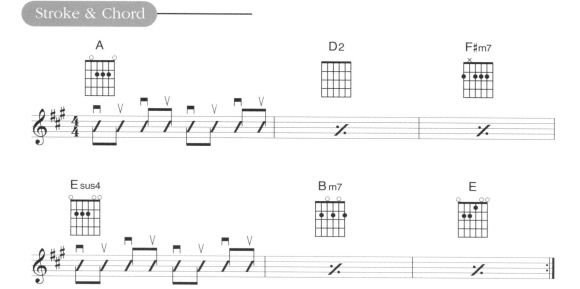

88 주를 위한 이곳에

김준영 & 임선호

주를위한이곳에 예배하는 자들 중에

그가찾는이없어 주님께서 슬퍼하시네 –

주님이찾으시는 그한사람 그예배자

내가그사람되길 간절히주 께예배하네 – 주은혜 –

로 이곳에 서있네 주임재 – 에 엎드려 절하네 – 그

어느것도 – 난 필요없네 – 주 님만 – 경배 – 해 – 주은혜 –

로 이곳에 서있네 주임재 – 에 엎드려 절하네 – 그

어느것도 – 난 필요없네 – 주 님만 – 경배 – 해

주를 위한 이곳에

D   A   Bm7   D7

G   Em7   Asus4   Gadd9

89 주를 찬양

(세상의 유혹 시험이)

최덕신

세 상의유혹시험이— 내게 몰려올때—에 나 의힘으론그것들—
거 짓과속임수로— — 가득 찬세상에—서 어 디로갈지몰라— —
주 위를둘러보면— — 아— 무도없는—듯 믿 음의눈을들면— —

모두 이길수없네— 거 대한폭풍가운데— 위축 된나의영혼—
머뭇 거리고있네— 공 중의권세잡은자— 지금 도우리들을—
보이 는분계시네— 지 금도내안에서— — 역사 하고계시는—

어 찌할바를몰라— 헤매 이고있 을 때 —
실 패와절망으로— 넘어 뜨리려하네 —
사 망과어둠의권세물리 치신예수님 —

주를 찬 양 손 을들고찬—양 전 쟁은나에게속— 한것아니니—

주를 찬 양 손 을들고찬—양 전 쟁은하나님께—속한 — 것 이 니

Stroke & Chord

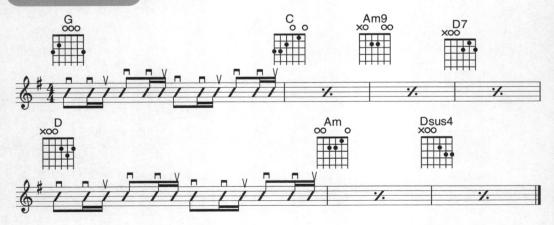

주를 향한 나의 맘

90

심형진

주를 향 - 한 나의맘 - 　누구도 - 뺏지못 해
주는나 - 의구세주 - 　항상날 - 인도하 네

이세상 - 어딜가도 - 　그사랑 - 넘쳐나 - 네 -
이세상 - 어딜가도 - 　그사랑 - 전하리 - 라 -

주를 향 - 한 나 - 의사랑　감출 수 - 없으 - 리 -

세상 사 - 람비 - 웃어도　멈출 수 - 없네 -

예 수 만이참된 - 소 망 - 　예 수 만이참된 - 기 쁨 -

예 수 만이참된 - 내 구 - 세 주 - 　　-

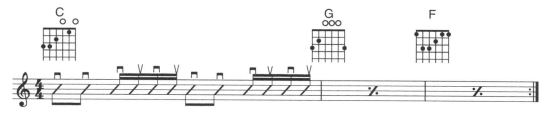

Stroke & Chord

91 주만 바라 볼찌라

(하나님의 사랑을 사모하는 자)

박성호

하나 님의 사 - 랑을 사모하는 자 하나 님 의 평 - 안을
님께 찬 - 양과 경배하는 자 하나 님 의 선하심을

바라보는 자 너의 모 든 것 창조하신 우리주님이
닮아 가는 자 너의 모 든 것 창조하신 우리주님이

너를 얼마나 사랑하시는 지 하나 자녀삼으셨 네

하나 님 사랑 의 눈으로 - 너를 어느때나바라보시 고

하나 님 인자 한 귀로써 - 언제 나너에게기울이시 니

어두 움 에 밝은빛을 비춰주시고 너의 작 은 신음에도 응답하시니

너는 어느곳에 있 - 든지 주를 향하고 주만 바라 볼 찌

라 하나 라 주만 바라 볼 찌라 -

주만 바라 볼찌라

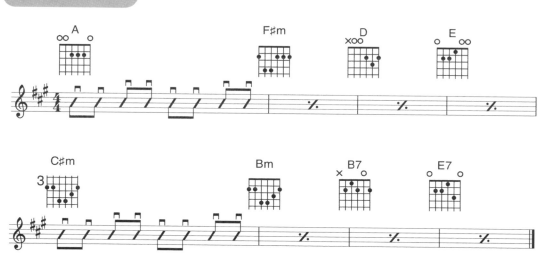

92 주의 손에 나의 손을 포개고

(주 보혈 날 정결케 하고)

주영광

주보혈 날정결케하 - 고 주보혈 날자유케하 니

주앞에 나예배하는 이 시 간 나의 모든것을주께드리 네

주의 손 날위해찢기 셨고 주의 발 날위해박히 셨으니 이제

는 내가사는것이 아 니 요 오직 주를위해사는것이 라 -

주의손에나의손을 포개고 또 주의발에나의발을 포개어 나

주와함께죽고 또 주와함께살리라-영 원토록-주위해살리 -라-

- 라 - 주 위 해 살 리 - 라 - -

주의 손에 나의 손을 포개고

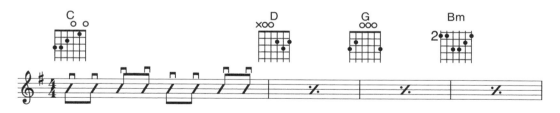

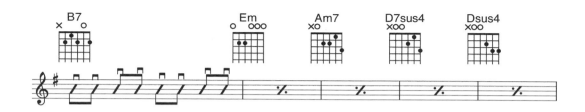

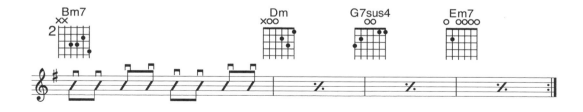

93 주의 집에 거하는 자

(Blessed)

Darlene Zschech & Reuben Morgan

Words and Music by Reuben Morgan, Darlene Zschech
© 2002 Hillsong Music Publishing Australia (admin in Korea
by Universal Music Publishing/ CAIOS)

주의 집에 거하는 자

Stroke & Chord

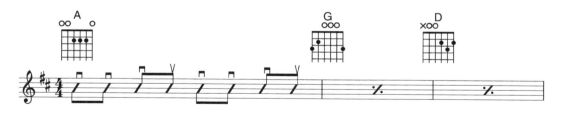

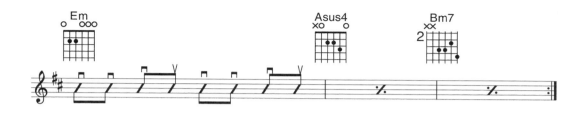

94 지금은 엘리야 때처럼

(Days of Elijah)

Robin Mark

지금-은엘리야때 처럼- 주 말씀-이선-포되고-
에스-겔의-환상 처럼- 마 른뼈-가살-아나며-

또 주의-종모 세의 때와- 같이- 언약-이성취-되 네
또 주의-종다 윗의 때와- 같이- 예배-가회복-되 네

비록 전쟁-과기근-과 핍박- 환 난날-이다가-와 -도 -
추수- 할때가-이 르러- 들 판--은희어-졌 -네 -

우 리는-광야 의외 치는- 소리-주 의길을예--비하라 -
우리- 는추 수할 일꾼- 되어-주 말씀을선--포하리 -

보 라 주 - 님 구 름타시고 - 나팔불때에 -

다시오-시 네 모두외 치 - 세 이는은혜의해니 -

시온에서 구 원이임 하 네 또 네

1. A   Asus4/D   2. A

어 - 제 도계셨고 오늘도 계시며 이-수
제곧-오실 어린양 예-

1. A   2. A

지금은 엘리야 때처럼

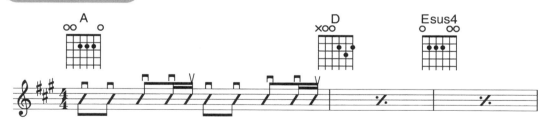

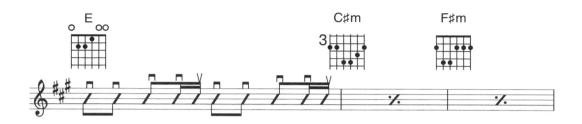

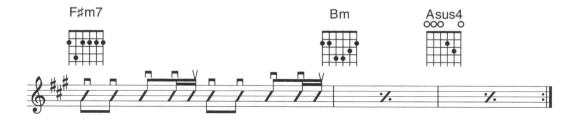

95

충만
(무명이어도 공허하지 않은 것은)

손경민

무명이어도- 공 허하지- 않은것은- 예 수안에-
고난중에- 도- 견 뎌낼수- 있 는것은- 주 의계획-
내몸이약- 해- 도- 낙 심하지- 않 는것은- 예 수안에-

난 만족함- 이 라 가 난 하- 여 - 도 - 부 족하지- 않은것은-
믿 기때문- 이 라 실 패 하- 여 - 도 - 일 어설수- 있 는것은-
난 완전함- 이 라 화 려 한- 세 - 상 - 부 럽지- 않은것은-

예 수안에- 오 직나는 - 부요함이 라 라
예 수안에- 오 직나는 - 승리함이
난 예수로- 예수로- 충만함이

난 예수로- 예수로- 예수로- 충만하네- 난 예수로- 예수로-
난 예수로- 예수로- 예수로- 충만하네- 세 상모든- 것들도-
난 예수로- 예수로- 예수로- 충만하네- 세 상모든- 풍파도-

예 수로- 충만하네- 난 예수로- 예수로- 예수로- 충 만하네-
부 럽지- 않네-- 난 예수로- 예수로- 예수로- 충 만하네-
두 럽지- 않네-- 난 예수로- 예수로- 예수로- 충 만하네-

영 원한왕- 내안에- 살 아계시 네

충만

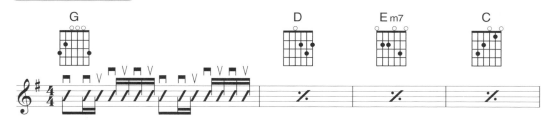

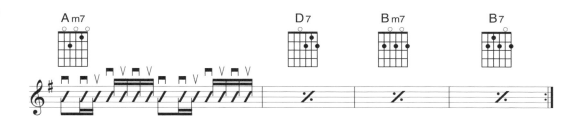

96 파송의 노래

(너의 가는 길에)

고형원

너의 가는길- 에주의평- 강 있으리- 평강 의 왕 함께가-시 니 너의
가는길- 에주의축- 복 있으리- 영광 의 주 함께가-시 니 네가

걸음 걸음 주 인도하-시 리 주의 강한- 손널이끄-시 리 너의

밟 는모 든땅- 주 님 다스-리 리 너는 주의-길 예비케-되 리

- 주 님나라위-하 여 길떠 나는 나의형-제 여

주 께 서가라-시 니 너는 가라 주의이름으로 -

거 칠 은광 야위에- 꽃 은 피어나고- 세상 은네안에서-

주 님 의영광보리라- 강하 고 -담대하 라 세상 이기 신주 늘함 -께-

너와 동행- 하시 며 네게 새힘늘- 주시 리 -

파송의 노래

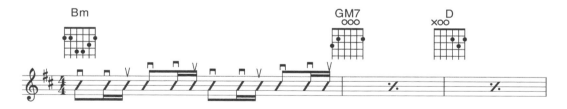

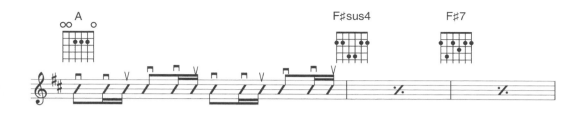

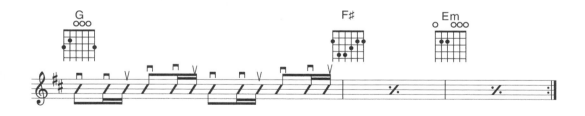

97 하나님은 너를 지키시는 자

정성실

E   E/D#   C#m   E/B   A   E/G#   F#m   B7

하나 님 은 너를지키 시 는 자 너의 우편 에 그늘 되 - 시니 -

E   E/D#   C#m   E/B   A   B7sus4 B7   E

낮의 해 와 밤의달 - 도   너를 해 치 못 하리 -

E   E/D#   C#m   E/B   A   E/G#   F#m   B7

하나 님 은 너를지키 시 는 자 너의 환 난 을 면케 하 - 시니 -

E   E/D#   C#m   E/B   A   B7   E

그가 너 를 지키시리 라   너의 출 입을지키시리 라

B7   E7sus4 E   B7   B7/A   E

눈을 들 어   산을 보아라 너의 도움 어디 서오나

G#/D# C#m   A   F#m   B7   E

천지 지으신   너를 만드신   여 호와께 로 - 다

Stroke & Chord

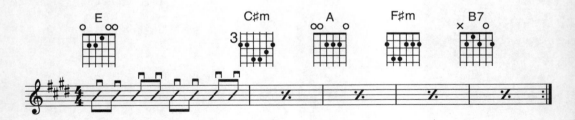

E   C#m   A   F#m   B7

하나님은 우리의 피난처가 되시며 98

(Psalm 46)

Stephen Hah

하 - 나님은우리의- 피 - 난처가되시며-

환 - 난중에우리의- 힘 - 과도움 이시라-

너 희는가만히 있-어- 주 가하나님-됨 알찌-어다

열 방과세계가 운-데- 주가 높임을- -받으리 라

사 랑합니다내 아버지- 찬 양합니다- 내 온맘다하여

선 포합니다예 수그리스도 주님 오심을- -기다리 며

Stroke & Chord

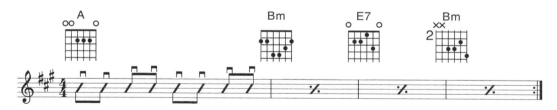

99 하나님의 부르심

손경민

하나 님의부 - 르심 - 에는 - 후회 하 심이 - 없네 -
작은 나를부 - 르신 - 뜻을 - 나는 알 수없 - 지만 -

내가 이자리 - 에 선 것도 - 주의 부르심 - 이라 -
오직 감사와 - 순종으로 - 주의 길을가 - 리라 -

하나 님의부 - 르심 - 에는 - 결코 실 수가 - 없네 -
때론 내가연 - 약해 - 져도 - 주님 날 도우 - 시니 -

나를 부르신 - 하나 님의 - 신실 하심을 - 믿네 -
주의 놀라운 - 그 계획을 - 나는 믿으며 - 살리 -

날부 르 신뜻 - 내생각 보다크고 - 날향

한계획 - 나의지혜로 측량못 - 하나 - 가장 좋은길로 - 가장

완전한 - 길로 - 오늘 도 날 이끄심 - 믿 네

하나님의 부르심

100 행복

(화려하지 않아도)

손경민

화려하 - 지 않아도 - 정결하 - 게 사는 삶 - 가진 것 - 이 적어도 -
눈물 날 - 일 많지만 - 기도할 - 수 있는 것 - 억울한 - 일 많으나 -

감사하 - 며 사는 삶 - 내게 주 - 신 작은 힘 - 나눠주 - 며 사는 삶 -
주를 위 - 해 참는 것 - 비록 짧 - 은 작은 삶 - 주 뜻대 - 로 사는 것 -

이것이 - 나의 삶에 - 행복 이라오 -   이것이
이것이 - 나의 삶에 - 행복 이라오 -

행 복   행복 이라오 -   세상은 - 알 수 없는 -

하나님 - 선물 이것이 행 복   행복 이라오 -

하나님 - 의 자녀로 - 살아가 는 것 - 이것이 - 행복 이라오 -

행복

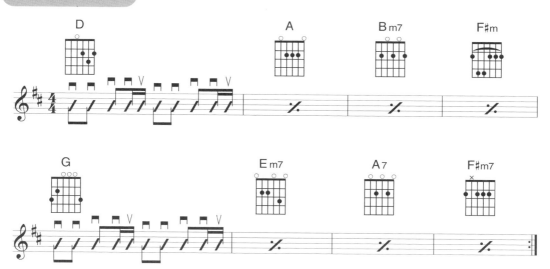

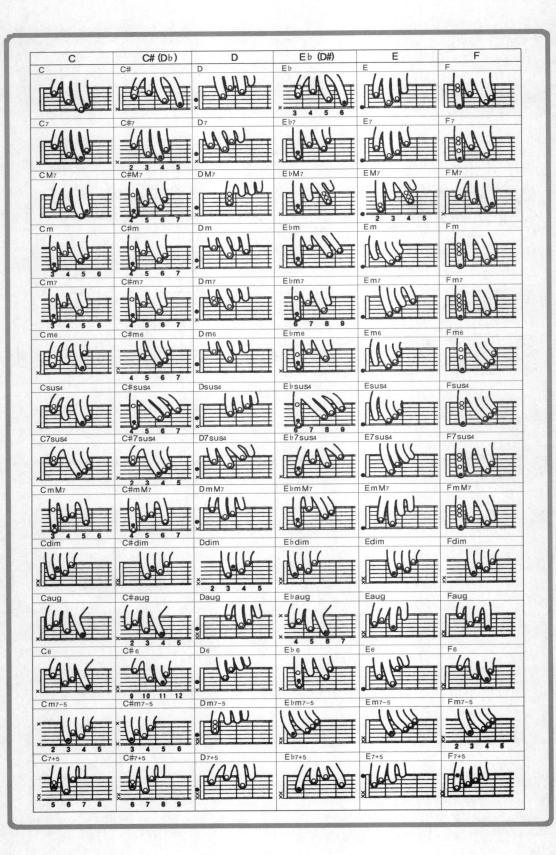

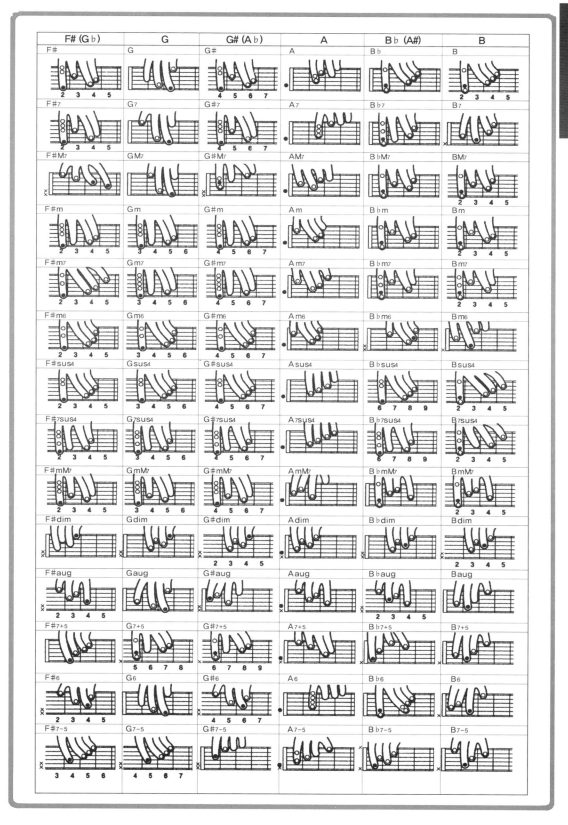

기타줄 맞추기

기타의 줄 맞추기는 튜닝(tuning), 또는 조율이라 한다.
요즘은 다양한 종류의 '튜닝 머신'들이 판매되고 있으므로 적당한 제품을
구입하여 사용하는 것이 제일 간단하다.
그리고 완벽하게 튜닝을 할 수 있다. 이를 이용할 수 없는 상황에서는
귀로 직접 소리를 들어가며 줄을 맞추는 수밖에 없다.
여기에서는 일반적인 "⑤번 줄 A(라)음 부터 맞추는 조율법" 을 택하고 있다.

1 5번줄 튜닝

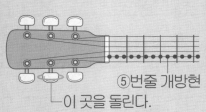

⑤번줄 개방현
이 곳을 돌린다.

1) 기타의 ⑤번줄은 A(라)음에 고정
되어있다. 그러므로 조율된 피아노,
또는 다른 악기의 A(라)음에 ⑤번
줄을 맞추면 된다.

2 6번줄 튜닝

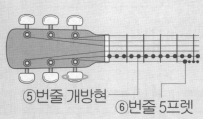

⑤번줄 개방현   ⑥번줄 5프렛

2) ⑥번 줄은 ①번 줄과 마찬가지로
E(미)음이다. 하지만 2 옥타브
아래의 음정이며, 음의 진동을 잘
들어가며 세심하게 줄을 맞춰야
한다.

3 4번줄 튜닝

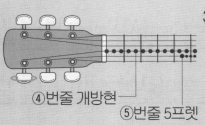

④번줄 개방현
⑤번줄 5프렛

3) ⑤번 줄 5프렛을 누르고 줄을 튕긴다.
이때 생기는 음이 D(레)음이다.
바로 이 D음에 ④번줄을 맞추면
된다.

4
3번줄 튜닝

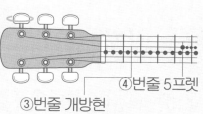

③번줄 개방현
④번줄 5프렛

4) ④번 줄 5프렛을 누르고 줄을 튕긴
다. 이때 생기는 음이 G(솔)음이다.
바로 이 G음에 ③번 줄을 맞추면 된다.

5
2번줄 튜닝

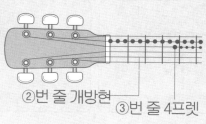

②번 줄 개방현
③번 줄 4프렛

5) ③번줄 4프렛을 누르고 줄을 튕긴
다. 이때 생기는 음이 B(시)음이다.
바로 이 B음에 ②번 줄을 맞추면 된다.

6
1번줄 튜닝

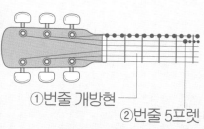

①번줄 개방현
②번줄 5프렛

3) ②번줄 5프렛을 누르고 줄을 튕긴
다. 이때 생기는 음이 E(미)음이다.
바로 이 E음에 ①번 줄을 맞추면 된다.

튜닝시 참고 사항

두 줄을 동시에 튕겼을 때 떨리는 듯 들리는 공명음이 일어나지 않고,
한 음처럼 맞는 것이다. 새로 갈아 낀 줄은 금방 늘어나 음이 내려가기
마련이므로 약간의 시간 간격을 두고 여러 번 튜닝을 해야 한다.
피치 파이프나 소리굽쇠 등으로 조율할 때는 A(라)음 부터 조율하는 것이
원칙이지만, 피아노나 다른 악기를 이용할 경우에 순서가 바뀌어도
상관은 없다.

튜닝 (Turning)

튜닝기를 사용하는 방법

- 기타의 저음부터 E(미), A(라), D(레), G(솔), B(시), E(미)를 치고 튜닝의 눈금이 가운데 오도록 줄감개를 사용하여 조정한다.

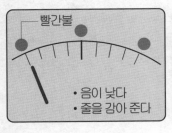

빨간불
- 음이 낮다
- 줄을 감아 준다

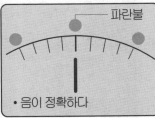

파란불
- 음이 정확하다

빨간불
- 음이 높다
- 줄을 풀어 준다

1. 통기타의 헤드 부분에 튜닝기를 찝어주거나 잭을 꼽는 기타는 잭을 튜닝기와 연결 한다.
2. 튜닝기의 스위치를 켠다
3. ①번 줄을 친다.
   E음에 맞춘다.
   다른 줄은 울리지 않게 뮤트 시킨다.
4. 빨간불은 음이 맞지 않았다는 표시이다.
5. 바늘이 왼쪽에 있으면 바늘이 가운데에 오고 파란불이 들어올때 까지 줄감개로 줄을 감아주고 바늘이 오른쪽에 있으면 바늘이 가운데에 오고 파란불이 들어올 때까지 줄감개로 줄을 풀어 준다.
6. 바늘이 가운데에 오고 파란불이 들어오면 음이 맞았다는 표시이다.
7. 이와 같은 방식으로 2번 줄(B음), 3번 줄(G음), 4번 줄(D음), 5번 줄(A음), 6번 줄(E음)까지 튜닝하고 1번에서 6번까지 다시 한번 해 준다.

코드를 잡는 방법

• 왼손으로 코드를 잡는 방법에는 로우(Low) 코드와 하이(High) 코드 두가지 폼이있다.
로우 코드는 개방현이 들어가기 때문에 오픈(Open) 코드라고도 부르며 비교적 잡기 쉬운 코드폼이다.

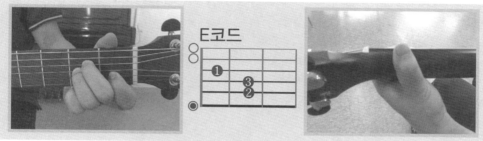

E코드

• 왼손으로 넥 (Neck) 을 감싸 쥐듯 잡고, 엄지손가락은 항상 넥의 위쪽으로 올라가도록 한다.

• 하이 코드는 바레(Barre)코드라고도 불리며, 잡기가 힘들고 소리도 잘 나지 않아 중도에 포기하는 경우가 많다.
그러나 하이 코드를 익히면 로우 코드로 잡을 수 없는 많은 코드들과 다양한 코드 스타일을 만들 수 있다.

F코드

• 하이 코드를 잡을 때 집게손가락은 약간 구부린 형태로 한 프렛 전체를 누른다.
집게손가락 끝이 1㎝ 정도 지판위로 나오게 하며 집게손가락의 옆면으로 누른다.
• 하이 코드 폼에서 엄지손가락의 위치는 로우 코드와는 달리 넥의 뒷면 중앙 약간 아랫부분에 수평으로 놓는다.
• 왼쪽 어깨와 팔꿈치는 고정된 상태에서 손목을 많이 꺾어주어야 누르기 편하다.

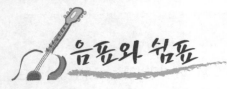

음표와 쉼표

쉼표

온 음표 (4박자) =	▬
2 분음표 (2박자) =	▬
4 분음표 (1박자) =	𝄽
8 분음표 (½박자) =	𝄾
16 분음표 (¼박자) =	𝄿

음표

점음표

o. = o + ♩

♩. = ♩ + ♩

♩. = ♩ + ♪

♪. = ♪ + ♬

점쉼표

▬. = ▬ + ▬

▬. = ▬ + 𝄽

𝄽. = 𝄽 + 𝄾

𝄾. = 𝄾 + 𝄿

잇단음표

기준음을 셋으로 나눈것을 '셋 잇단음표' 라 하여 가장
많이 사용되며, 다섯 잇단음표, 여섯 잇단음표,
일곱잇단음표 등이 있다.

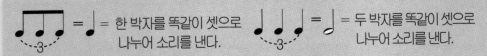

♩♩♩ = ♩ = 한 박자를 똑같이 셋으로 나누어 소리를 낸다.   ♩ ♩ ♩ = 𝅗𝅥 = 두 박자를 똑같이 셋으로 나누어 소리를 낸다.

박자세기

**온음표
(4박자)**　o　=　V　V　V　V　=　V　V　V　V
　　　　　　　　하　아　아　나　　따　아　아　안

**2분음표
(2박자)**　♩♩　=　V　V　V　V　=　V　V　V　V
　　　　　　　하　나　두　울　　따　안　따　안

4분음표　♩♩♩♩　=　V　V　V　V　=　V　V　V　V
　　　　　　　원　투　쓰리　포　　딴　딴　딴　딴

**8분음표
(1/2박자)**　=　V　V　V　V　=　V　V　V　V
　　　　원앤　투앤　쓰리앤　포앤　　따안　따안　따안　따안

**16분음표
(1/4박자)**　=　V　V　V　V　=　V　V　V　V
원이앤드 투이앤드 쓰이앤드 포이앤드　따이안따 따이안따 따이안따 따이안따

**3연음
(1/3박자)**　=　V　V　V　V　=　V　V　V　V
　원앤드　투앤드　쓰앤드　포앤드　　따안따　따안따　따안따　따안따

예　=　V　V　V　V　=　V　V　V　V
　원　투앤　쓰리　포이앤드　딴　따안　딴　따이안따
　　=　V　V　V　V　=　V　V　V　V
　원　투앤드 쓰리앤　포앤드　딴　따안따　따안　따안따

찬양인도자를 위한   100곡
기타워십찬양

초판 발행일	2024년 11월 20일
펴낸이	김수곤
펴낸곳	ccm2u
출판등록	1999년 9월 21일 제 54호
편저자	강인혁
악보편집	노수정
디자인	이소연
주소	서울시 송파구 백제고분로27길 12 (삼전동)
전화	02) 2203.2739
FAX	02) 6455.2798
E-mail	ccm2you@gmail.com
Homepage	www.ccm2u.com

Flash on
KOMCA
한국음악저작권협회
017215704
출판

CCM2U는 한국교회 찬양의 부흥에 마중물이 되겠습니다.